갑골문

갑골문

류동춘 지음

學古房

처음 갑골문을 접한 시기가 1986년 가을이다. 대만대학 중문연구소로 유학 간 이듬해에 후에 지도교수가 된 金祥恒 선생님이 개설한 『說文解字』연구라는 수업을 들었는데, 許愼의 풀이에서 잘못된 것을 설명하면서 小篆보다도 더 오래된 갑골문을 자주 소개하셨다. 지금도 그때 선생님의 열띤 강의의 기억이 생생하다. 더운 열기의 대만대학 문과대 제10연구실에서 서가에 꽂힌 퀘퀘한 냄새가 나는 고서들 속에서 갑골 자료를 찾아 보여주시던 선생님과 다른 학교에서 갑골문 수업을 들으려고 대만대로 찾아왔던 이름이 기억나지 않는 박사과정 선배의 모습이다. 늘 열띤 강의를 하셨지만, 선생님이 浙江省 海寧분이신지라 단 두 명뿐인 중국학생과 외국학생 모두 무슨 말씀인지를 잘 알지 못했던 것 같다. 이 비밀은 학기 중간에 박사과정 선배에게 노트를 빌리면서 알게 되었다. 그런데 그 이후로 나는 오히려 자신감을 갖고 고문자학에 시간과 노력을 더 기울이게 되었다. 이 수업이 유학생이나 현지학생 모두에게 공평하게 어렵다는 것을 알게 되었기 때문이다. 갑골문이 세상의 빛을 다시 보게 된 지 채 100년도 되지 않은 새로운 영역이라 더 알아보고 싶은 욕구도 한 몫을 했을 것이다. 그런데 본격적으로 갑골문을 논문의 주제로 삼으면서, 호기심과 막막함도 함께 밀려왔다. 새로운 것을 알게 되면서 모르는 게 더 많아지는 모든 앎의 영역에서 되풀이되는 현상이다. 새롭게 알게 된 것도 시간이 지나면서 더 아리송해지는 것이다. 현재까지 추출된 5,000여자의 갑골문 가운데 누구나 동의하는 풀이는 1,000자가 되지 않는 것만 보더라도 갑골문 읽기가 여전히 쉽지 않음을 알 수 있을 것이다.

중국 역사에서 商나라 湯王의 9대 孫인 盤庚이 기원전 14세기에 殷지역으로 천도한 이후부터 牧野之戰에서 周나라 武王에게 패한 기원前1046년까지의 8代 12王의 재위기간을 商代에서 분리하여 殷代로 따로 구별해 부르는데, 갑골문은 주로 이 시기에 점복을 시행한 후에 해당 재료에 관련된 일련의 내용을 새기거나 쓴 생생한 당시의 기록이다. 당시 왕실에서는 날씨나 수확 등 일상생활부터 제사, 전쟁 등 국가대사까지도 모두 점을 쳤기에 갑골문이 포괄하는 내용도 매우 광범위하다. 중국 고대 사회를 엿볼 수 있는 귀중한 자료이지만, 이 자료가 史料的 가치를 가지려면 이 속에 담고 있는 내용이 정확히 해독되어야 한다.

이런 이유로 필자가 대학원에서 고대 문화 관련 수업을 개설하면, 늘 갑골문도 함께 다루었다. 대학원 강의를 준비할 때마다 전문적 입문서를 쓰는 것이 좋겠다는 생각을 했지만, 갑골문 고석에 이설이 많아서 엄두가 나지 않았다. 그러다 갑골문 책을 내기로 한 것은 2년 전에 華東師範大學출판부에서 간행한 중국전통_경전과 해석 시리즈의 『甲骨文與中國上古文明』을 번역하면서, 세밀한 고증보다는 절충적 의견을 중심으로 집필할 수 있겠다는 자신감을 갖게 되어서이다.

이 책은 이와 같은 의도로 갑골문을 처음 접하는 사람을 대상으로 집필된 입문서이다. 책에서는 갑골문 발견과 출토 현황과 주요 연구서와 공구서 등을 소개하였고, 갑골을 이용한 점복이 실제로 어떤 과정을 거쳐서 시행되었는지를 살펴보았다. 갑골문은 점복과의 관계에 따라 순수한 기록물인 기사각사와 점복의 기록인 복사로 나누었으며, 갑골의 대부분을 차지하는 복사는 형식과 내용으로 나누어 살펴보았다. 제7장의 갑골문 선독 부분은 복사의 내용을 중심으로 갑골편을 시기별로 안배하여 원편과 석문, 번역문, 개별 글자 고석 등을 차례로 제시하였다. 갑골은 실제 언어의 기록이므로 제8장에서는 갑골 속에 보이는 문자와 언어적 특징을 간략히 소개하였고, 마지막으로는 갑골문 읽기의 시작인 글자 고석에 대한 방법론을 소개하였다.

이 책의 집필과정에서 필자가 가장 고민한 부분은 물론 고석 부분이었지만, 이에 못지 않게 고민한 것이 생소한 전문용어를 어떻게 기술할 것인가였다. 한국어에 해당하는 용어가 있으면 되도록 이 용어를 사용하였지만, 이 가운데 전혀 다른 용어인데 한국어 발음이 같은 것도 있어서 결국 모든 용어는 한자를 제시하고 처음 출현하는 경우에만 한국어 독음을 병기하는 방식을 사용하였다.

이 책이 나오기까지 묵묵히 지원해준 가족들에게 고마운 마음을 전한다. 특히 책의 완성도를 높이는데 다방면의 동반자인 백은희 교수가 많은 조언을 해주었다. 아울러 고문자와 도판이 많은데도 불구하고 흔쾌히 출판을 해준 하운근사장님을 비롯한 학고방출판사 관계자 여러분께도 감사드린다.

목차

07 甲骨文 選讀

08 甲骨文의 言語的 特徵

01

甲骨文 概況

1.1 名稱

甲骨文(갑골문)이란 명칭은 '龜甲(귀갑)이나 獸骨(수골)에 새기거나 쓴 文字(문자)'에서 왔다. 처음 갑골을 발견했을 때는 재료의 성질에 따라 '龜(귀)', '龜甲', '龜甲獸骨(귀갑수골)'로 부르거나, 書寫(서사) 방법에 따라 '契文(계문)', '殷契(은계)', '書契(서계)'로 부르거나, 용도에 따라서는 '貞卜文字(정복문자)', '貞卜文(정복문)', '卜辭(복사)'로 부르거나, 출토지점을 따라 '殷虛文字(은허문자)'로 부르거나, 재료와 문자를 결합하여 '龜版文(귀판문)', '骨刻文(골각문)', '龜甲獸骨文字(귀갑수골문자)'로 부르다가 陸懋德(육모덕)이 《甲骨文的發現及學術價値(갑골문적발현급학술가치)》라는 글을 1921년 10월 25일자 〈北京晨報副刊(북경신보부간)〉에 발표하면서 학자들이 이 명칭을 점차 수용하여 사용하게 되었다.[1] 왜냐하면, 龜, 龜甲, 龜甲獸骨 등은 재료를 모두 포괄할 수 없기 때문이다. 물론 갑골문의 재료로 주로 사용되는 것은 龜甲과 牛骨이지만, 龜甲도 민물거북과 바다거북, 자라 등 종류가 다양하며, 獸骨의 경우도 사슴, 호랑이, 코끼리, 코뿔소 등의 뼈와 심지어 인골까지 쓰였다. 서사 방법도 갑골에 새긴 것만 있는 것이 아니라, 붓으로 쓴 것도 있기 때문에 契(계)라는 명칭은 모든 서사 형식을 포괄하지 못한다. 용도의 경우도 모든 갑골이 다 점치는 내용의 卜辭가 아니고 일부 이지만 記事刻辭(기사각사)도 있기 때문에 貞(정)이나 卜(복)이라는 말로 모두를 포괄할 수 없다. 출토지점의 경우도 殷虛 이외의 지역에서도 갑골이 계속 발견되었고,

---

1) 王宇信·魏建震(2010:2)참조.

앞으로 어느 지역에서 또 발견될지
도 모르기 때문이다. 이런 모든 측
면을 고려해 보면 '甲骨文'이라는
명칭이 가장 적절하다고 할 수 있
다.

그림 4. 乙778 붓의
흔적_李宗焜(2006:63)

서사 재료로 甲과 骨이 사용된
것은 거북류의 배껍질(Plastron 腹
甲)2)이나 소와 같이 큰 짐승의 날
개뼈(Scapula 肩胛骨)3)가 마치 돌
이나 나무 판처럼 표면적이 넓어서
글씨를 쓰기에 적합하였고, 이전부터 점을 치는 재료로 사용되었기
때문이다. 메소포타미아 지역의 점토판이나 이집트의 파피루스 등은
단지 서사 재료의 기능만 있었다면, 갑골은 점복 재료와 서사 재료
두 가지 기능을 가지고 있다고 할 수 있다.4)

1.2 發見 過程

중국에서는 일찍이 鳥獸草木(조수초목)을 포함하는 다양한 재료를
약재로 사용했는데, 龍骨(용골)이란 것도 그 가운데 하나였다. 스웨덴

---

2) 아래부터는 腹甲(복갑)이라 부른다.
3) 아래부터는 肩胛骨(견갑골)이라 부른다.
4) 점토판의 경우 원래 물표를 담는 항아리였는데, 항아리 표면에 그 속에
   담긴 내용물을 표시하다가 후에 내용만 기록하는 서사재료의 역할만
   하면서 평평한 판으로 바뀌었다.

의 지질학자인 앤더슨(Johan Gunnar Anderson)이 용골이 도대체 어느 짐승의 뼈인지를 확인하기 위해서 그 출토지를 찾다가, 우연히 북경원인 유적을 발견했다고 전해지는데 갑골문의 발견도 이와 유사하다. 1899년 당시 國子監(국자감) 祭酒(좨주)였던 王懿榮(왕의영)이 학질로 오랫동안 앓아누웠는데 하인을 시켜 특효약인 용골이 들어간 약을 사다 먹었다. 그런데 마침 그 당시에 금석학에 조예가 깊은 劉鶚(유악)[5]이 江蘇省(강소성) 丹徒縣(단도현)에서 베이징으로 와 王懿榮의 식객으로 있었다. 이 때 두 사람이 같이 용골을 살피다가 문자와 유사한 문양을 발견하고 이것이 금석문보다 오래된 문자라고 확신하여 바로 수집하기 시작하였다.[6] 처음 발견하고 나서 2년 동안 劉鶚이 수집한 갑골만 해도 이미 1,900여 편이나 되었다. 1900년 義和團(의화단) 사건이 일어나고 王懿榮이 사망하게 되자, 그가 소유한 갑골은 모두 劉鶚에게 넘어갔다. 이후 1903년 11월에 劉鶚이 본인이 소장한 5,000여 편의 갑골 속에서 1,058편을 추려내어 중국 최초의 갑골문 수록집인 《鐵雲藏龜(철운장귀)》를 출간하였다. 이때 劉鶚의 친구인 羅振玉(나진옥)이 책의 출판을 적극적으로 권유했을 뿐만 아니라, 몸

---

5) 1857-1909, 字(자) 鐵雲(철운). 일설에는 劉鶚의 생존기간이 1850-1910이라 한다.

6) 일설에는 주로 농촌에서 골동품을 사다가 북경이나 천진 등 대도시에 와서 비싼 가격으로 판매하는 范維卿(범유경)이란 골동품수집상이 있었는데, 河南(하남)에 갔다가 무엇인가 새겨진 뼈를 보고 몇 개 구입하여 북경으로 돌아와 山東(산동) 동향인 王懿榮에게 보여주고 감정을 부탁하였는데, 金石文(금석문)에 조예가 있던 王懿榮이 고대 문자임을 알아보고 그가 가지고 온 것을 모두 구매하고, 더 구해오라고 하였다고 한다.

소 탁본도 해주었다. 이 책은 최초의 갑골문 수록집이었기 때문에 아직 부족한 부분이 많이 존재하였다. 수록된 갑골을 보면 僞刻(위각)이 5편, 중복 수록된 것이 3편, 도판을 거꾸로 실은 것이 12편, 갑골의 양면에 모두 글자가 있는데 한쪽 면을 누락한 것이 40편, 骨臼(골구)에 있는 刻辭(각사)를 누락한 것 4편 등 적지 않은 문제점이 보인다.[7] 비록 서문에서 劉鶚이 干支字(간지자)와 숫자 등 40여자를 考釋(고석)하였지만, 이 책은 연구서라기보다는 자료 모음집의 성격으로 보아야 할 것이다. 본격적 연구서가 아니더라도, 이 책이 갑골문 연구의 서막을 열었다는 점을 부정할 수는 없을 것이다.

본격적인 갑골문의 연구는 孫詒讓(손이양)[8]부터 시작되었다. 金石學(금석학) 분야에 상당한 조예를 갖추어 이미 《古籀拾遺(고주습유)》, 《古籀餘論(고주여론)》 등의 古文字(고문자) 관련 저서를 출간했던 孫詒讓이 《鐵雲藏龜》에 수록된 甲骨片(갑골편)들을 考釋하여 《契文擧例(계문거례)》를 출간하였는데, 이 책이 첫 번째 갑골학 연구서라고 할 수 있다.

《契文擧例》는 孫詒讓이 55세 때인 1904년에 이미 완성되었지만, 그가 죽고 나서 1917년에 출간되었다. 이 책은 上下 두 권에 50,000여 자의 분량으로 갑골문을 내용에 따라 분류하여 考釋한 문장 10편을 수록하고 있다. 上卷(상권)은 日月(일월), 貞卜(정복), 卜事(복사), 鬼神(귀신), 卜人(복인), 官氏(관씨), 方國(방국), 典禮(전례) 8편이고, 下卷(하권)은 文字와 雜例(잡례) 2편이다. 이 책에서 孫詒讓은 고대

---

7) 顧音海(2002:84) 참조.
8) 1848-1908, 字 仲容(중용), 號(호) 籀頠(주경).

전적을 인용하여 갑골문의 내용을 설명하고 자형 비교와 偏旁(편방) 분석 등의 방법을 사용하여 貞, 射(사), 羌(강), 若(약), 兆(조) 등 180 여 개의 문자를 考釋하였다. 孫詒讓의 이런 증명 방법은 이후 王國維 (왕국유)에 의하여 체계화된 고문자 연구방법론인 '二重證據法(이중 중거법)'의 초기형태로 볼 수 있다. 이후 孫詒讓은 갑골문 외에도 金 文(금문)을 포함하는 고문자와 그 변화 과정을 眺望(조망)한 고문자 연구서 《名原(명원)》을 저술하였다. 이 두 책은 저술 기간도 짧았고 갑골이 발견된 지도 얼마 되지 않았던 시기에 작성되었기 때문에 적잖 은 문제점이 보인다. 하지만 갑골문 연구사에 있어서 劉鶚의 《鐵雲藏 龜》가 갑골문 연구의 서막을 연 것처럼, 《契文擧例》가 갑골문 개별 문자 考釋의 서막을 열었다는 貢獻(공헌)은 부정할 수 없을 것이다.

02

甲骨文 研究史

첫 발견과 최초의 자료 수록집, 연구 저서 발간 이후의 갑골문 연구는 자료의 수집과 출판, 문자의 考釋, 자료의 發掘(발굴) 등 여러 갈래로 진행되었다. 본 장에서는 硏究(연구), 文獻(문헌), 發掘 상황을 중심으로 갑골문 연구사를 살펴본다.

2.1 主要 研究者

2.1.1 甲骨四堂

초창기 갑골문 연구는 학문적 연구가 태동한 지 얼마 되지 않았기에, 한 사람이 자료의 수집과 출판, 연구 등 전 영역에 걸쳐서 활약하였다. 초기 연구자로는 甲骨四堂으로 불리는 羅振玉[1], 王國維[2], 董作賓(동작빈)[3], 郭沫若(곽말약)[4]을 대표로 꼽을 수 있다.

羅振玉(1866-1940)은 갑골문뿐만 아니라, 燉煌寫經(돈황사경), 漢晉木簡(한진목간), 內閣大庫明淸史料(내각대고명청사료)의 保存(보존)과 整理(정리), 硏究에 큰 공헌을 하였다. 갑골의 경우에는 《鐵雲藏龜》의 출판에 기여하였고, 1911년에 두 번째 갑골문 수록집인 《殷虛貞卜文字考(은허정복문자고)》를 직접 출판하였다. 이 책은 2,221편의 拓本(탁본)을 내용이 관련된 순서대로 수록하여 商代(상대) 사회

---

1) 號 雪堂(설당).
2) 號 觀堂(관당).
3) 號 彦堂(언당).
4) 號 鼎堂(정당).

연구의 귀중한 史料(사료) 역할을 하고 있다. 후에 계속하여 《殷虛書契前編(은허서계전편)》(1911), 《殷虛書契菁華(은허서계청화)》(1914), 《殷虛書契後編(은허서계후편)》(1916), 《殷虛書契續編(은허서계속편)》(1933)을 출간하였다. 갑골문 관련 연구서로는 《殷虛貞卜文字考》釋文(석문)과 《殷虛書契考釋(은허서계고석)》(1914)과 《增訂殷虛書契考釋(증정은허서계고석)》(1927)이 있다.

王國維(1877-1927)는 문자학뿐만 아니라, 歷史(역사), 美學(미학) 등에도 큰 업적을 남긴 학자이다. 1911년 王國維는 羅振玉과 함께 일본으로 가서, 羅振玉이 소장한 甲骨, 金石 등 문물자료의 정리와 연구를 도왔다. 1916년 중국으로 돌아와 《殷卜辭中所見先公先王考(은복사중소견선공선왕고)》(1917), 《殷卜辭中所見先公先王續考(은복사중소견선공선왕속고)》(1917), 《殷周制度論(은주제도론)》(1917) 등을 출간하였다. 이때 그는 지하에서 출토된 갑골문 등의 文物(문물) 자료와 고대 典籍(전적) 등의 종이 자료를 서로 대조하여 증명하는 소위 '二重證據法'이라는 새로운 考證(고증)방법을 처음 만들었다. 이 방법을 사용하여 갑골문을 《史記(사기)·殷本紀(은본기)》와 대조하여 《史記》의 기록이 대체적으로 정확하다는 것을 증명하였으며, 특히 《殷卜辭中所見先公先王續考》에서는 갑골연구에서 처음으로 綴合(철합)을 시행하여 이 분야 연구의 서막을 열었다. 그는 또 갑골 수록집으로 655편의 拓本을 수록한 《戩壽堂所藏殷虛文字(전수당소장은허문자)》(1917)를 출간하였다.

郭沫若(1892-1978)는 일본 東京(동경)의 上野(상야)도서관에서 처음 羅振玉의 《殷虛書契》와 《殷虛書契考釋》을 접하고 나서 東洋文庫(동양문고) 소장 갑골과 금문 자료 등의 연구를 시작하였다. 후에 《甲

骨文字硏究(갑골문자연구)》(1929), 《中國古代社會硏究(중국고대사
회연구)》(1931), 《卜辭通纂(복사통찬)》(1933), 《兩周金文辭大系考釋
(양주금문사대계고석)》(1935), 《殷契粹編(은계수편)》(1937) 등의 저
서를 발간하였다. 《卜辭通纂》은 甲骨 929편을 수록했고, 《殷契粹編》
은 劉體智가 소장한 28,000여 편 가운데 선별한 1,595편을 수록하였는
데, 이 속에 새로운 자료들도 많고 郭沫若의 견해도 참신한 것이 많아
갑골학 연구와 商代 역사 연구에 큰 기여를 하였다. 郭沫若은 이후에
도 甲骨片을 집대성한 《甲骨文合集(갑골문합집)》(1978-1983)의 편찬
이 결실을 맺을 수 있게 적극적으로 지원하였다.

董作賓(1895-1963)은 1928년 中央硏究院(중앙연구원) 歷史語言
硏究所(역사어언연구소)籌備處(주비처)가 廣州(광주)에서 개소했을
때 通信員(통신원)으로 들어가 安陽(안양)으로 파견되어 갑골 出土
(출토) 현황을 조사하면서 甲骨과 인연을 맺게 되었다. 이후 갑골의
發掘과 保存이 시급하다는 董作賓의 보고에 따라, 殷墟(은허)의 과학
적 발굴이 시작되었다. 이후 1937년까지 15차례의 발굴이 진행되었는
데, 董作賓은 제1차, 제5차, 제9차 발굴을 주도하였고, 제2차, 제3차,
제4차, 제6차, 제7차 발굴에도 참가하였으며 제11차, 제13차 발굴은
監察(감찰)로 참여하여 거의 모든 발굴에 관여하였다고 할 수 있다.
董作賓은 發掘에 참여하면서 출토된 갑골을 모아 《殷虛文字甲編(은
허문자갑편)》과 《殷虛文字乙編(은허문자을편)》을 간행하였고, 그간
의 자료의 整理와 硏究 성과를 반영하여 《甲骨文斷代硏究例(갑골문
단대연구례)》(1933)를 출간하였다. 특히 뒤의 책에서 제시한 갑골문
'五期分期法(오기분기법)'과 '十項(십항) 斷代標準(단대표준)'은 갑
골문의 史料的 가치를 제고시켰다고 평가할 수 있다. 董作賓은 또

1945년에 출판한 《殷曆譜(은력보)》에서 占卜(점복)을 시행한 날자별로 卜辭를 배열하여 '五種祀典(오종사전)'제도를 整理했을 뿐만 아니라, 자신의 기존 五期分期法을 바탕으로 '分派新法(분파신법)', '文武丁復古說(문무정복고설)' 등 새로운 개념을 제시하여 갑골문 分期연구를 한층 더 발전시켰다. 董作賓은 갑골의 발굴과정에 직접 참여하여 實物(실물)은 가장 많이 접한 잇점을 충분히 살려 갑골문의 斷代(단대)와 禮制(예제) 연구를 시작하여 갑골학 연구를 한 단계 발전시켰다고 평가받는다.

2.1.2 甲骨四老

甲骨四堂 이후에 갑골문 연구를 더욱 발전시킨 인물로 陳夢家(진몽가), 胡厚宣(호후선), 唐蘭(당란), 于省吾(우성오)를 들 수 있다.[5]

陳夢家(1911-1966)는 청년시절에 後期新月派(후기신월파) 詩人(시인)으로 활약을 했었는데, 스승인 聞一多(문일다)를 따라 고대 神話(신화)에 관심을 가지다가 고문자연구로 轉向(전향)하였다. 후에 미국 시카고에서 중국문자학을 강의하다가 해외에 퍼져있는 중국 靑銅器(청동기) 등 유물을 모아서 귀국하였으며 淸華大學(청화대학)에서 강의를 하였다. 이때 갑골문 연구를 시작하였고, 1952년에 中國科學院(중국과학원) 考古硏究所(고고연구소)로 자리를 옮겨 殷周(은주)청동기에 관한 체계적 연구를 하였고 《西周銅器斷代(서주동기단

---

5) 王宇信・徐義華(2006:240)는 '甲骨四堂'의 예를 따라, 이 네 사람을 '甲骨四老(갑골사로)'라고 불렀다.

대)》,《中國銅器綜錄(중국동기종록)》,《西周年代考(서주연대고)》등
여러 고대 문화 관련 저서를 발간하였다. 갑골에 관한 연구서로는
1956년에 출판한 70여만 자 분량의《殷虛卜辭綜述(은허복사종술)》이
있는데, 당시까지의 갑골문 연구를 집대성한 역작으로 갑골문 연구자
들의 필독서가 되었다. 이 책에서는 갑골문 연구사뿐만 아니라, 文法
(문법), 斷代, 貞人組(정인조) 등에 대해서 많은 참신한 견해를 제시하
고 있다.

   胡厚宣(1911-1995)은 北京大學(북경대학)을 졸업한 후 中央研究
院 歷史語言研究所 考古組(고고조)에 들어가 殷墟 제11차 발굴에
참여하였고, 1935년에 董作賓을 도와《殷虛文字甲編》의 釋文을 담
당했다. 1939년에서 1946년까지 齊魯大學(제로대학)에서 甲骨學(갑
골학), 商周史(상주사), 考古學通論(고고학통론) 등을 강의하며,《甲
骨學商史論叢(갑골학상사논총)》初集(초집)부터 四集(사집)까지를
저술하였다. 이 책에는 총 33편의 논문이 실렸는데, 편마다 모두 갑골
학 연구에 큰 영향을 준 참신한 견해를 담고 있다. 이후 1947년부터
1956년까지 復旦大學(부단대학)에서 후학을 양성하였고, 1957년부터
中國科學院 歷史研究所(역사연구소) 先秦史研究室(선진사연구실)
主任(주임)을 맡아《甲骨文合集》편찬의 준비작업을 진행하였고,
1961년부터 편찬을 시작하여 1983년에 완간하였다. 발표한 논문도
모두 뛰어나지만, 胡厚宣의 업적 가운데 가장 높은 평가를 받는 것은
《甲骨文合集》의 편찬일 것이다. 이 책은 중국과 외국에 널리 퍼져있
는 갑골 자료를 집대성함으로써 많은 후속연구를 촉발했고 갑골학이
하나의 학문으로서 자리잡게 하는데 결정적 기여를 하였기 때문이다.
그리고 그가 배출한 학생들이 갑골연구의 중추역할을 하게된 것 또한

胡厚宣이 갑골학에 기여한 큰 업적이라 할 것이다.

唐蘭(1900-1978)은 처음에 의학을 공부하다 國學(국학)으로 방향을 전환하고 독학으로 고문자학을 공부하였는데, 王國維가 칭찬한 네 명의 소장 학자 가운데 하나로 지목되었다.6) 1932년부터 燕京大學(연경대학), 北京大學, 淸華大學 등 여러 대학에서 강의하다가 1947년에 北京大學 교수로 임명되고 中文科 주임을 맡았으며, 1952년에 故宮博物院(고궁박물원)으로 자리를 옮겨 부원장직까지 올라갔다. 그는 《殷墟文字記(은허문자기)》(1934)와 《天壤閣甲骨文存(천양각 갑골문존)》(1939)에서 당시로서는 가장 많은 100여 개가 넘는 문자를 考釋하였다. 그의 《古文字學導論(고문자학도론)》(1935)은 갑골문을 포함한 고문자 考釋의 방법론을 체계적으로 제시하여 갑골문 연구에 기여하였다.

于省吾(1896-1984)는 遼寧省(요녕성)에서 출생하여 주로 중국의 東北(동북)지역에서 공무원으로 있다가 1931년 9.18事變(사변) 후에 북경으로 이주하였다. 이때부터 古代 文物과 古文字學 연구에 몰두하였고, 1932년부터 1949년까지 輔仁大學(보인대학), 燕京大學, 北京大學에서 교수로 재직하며 고문자학을 강의하였다. 1955년에 東北人民大學(동북인민대학)7)역사과 교수로 부임하여 후학의 양성과 더불어 고문자와 古文獻(고문헌)의 연구와 정리를 하였다. 그는 《雙劍誃殷契騈枝(쌍검치은계변지)》初編(초편), 續編(속편), 三編(삼편)에서 모두 100여 개의 문자를 考釋했고, 《甲骨文字釋林(갑골문자석

---

6) 나머지 세 학자는 商承祚, 容庚, 柯昌濟이다.
7) 현재의 吉林大學(길림대학)이다.

림)》(1979)에서는 300여 개를 考釋하여 가장 많은 문자를 해독한 연구
자이다. 이후에 《甲骨文字詁林(갑골문자고림)》의 편집을 주관하여
역대 갑골문자 考釋 성과를 집대성하였다.

2.1.3 李學勤, 裘錫圭

다음 세대의 대표적 학자로는 李學勤(이학근)과 裘錫圭(구석규)를
꼽을 수 있다.

李學勤(1933-2019)은 1952년에 中國科學院 考古研究所에 들어가
서, 郭若愚(곽약우), 曾毅公(증의공)과 함께 《殷墟文字綴合(은허문
자철합)》을 편찬했고, 1985년에는 齊文心(제문심), 艾蘭(애란)과 함
께 《英國所藏甲骨集(영국소장갑골집)》을 편찬하였다. 그는 또 갑골
문의 分期와 斷代 방면의 연구에 큰 영향을 끼쳤는데, 특히 그가 제시
한 '兩系說(양계설)'은 이후 갑골 분기 연구의 활발한 논쟁을 촉발하
였다.

裘錫圭(1935-)는 1952년에 復旦大學 歷史學科에 입학하여, 졸업
후 대학원에서 胡厚宣의 지도로 甲骨學과 殷商史(은상사)를 전공하
다가 스승을 따라 中國科學院 歷史研究所 先秦史研究室에 들어갔
다. 학위를 마친 후에 北京大 中文科에서 학생들을 가르치며, 銀雀山
漢墓竹簡(은작산한묘죽간), 雲夢秦簡(운몽진간), 馬王堆漢墓帛書
(마왕퇴한묘백서) 등의 정리작업에 참여하였다. 이런 경험이 있었기
에 裘錫圭는 고문자학의 여러 영역에 걸쳐서 깊은 조예를 갖추게
되었으며, 이를 바탕으로 歷史學, 考古學, 言語學(언어학) 등의 식견
을 반영하여 《文字學槪要(문자학개요)》(1988), 《古文字論集(고문자

논집)》(1992)등의 저서를 출간하였다. 특히 1961년에 발표한 〈甲骨文中所見的商代五刑(갑골문중소견적상대오형)〉에 보이는 것처럼, 裘錫圭는 종합적 연구 방법론을 사용하여 이전에 考釋되지 않았던 어려운 글자들을 새로운 시각과 치밀한 고증으로 많이 해결하였다고 평가받는다.

2.2 主要 文獻

2.2.1 甲骨文 收錄集

다음은 역대로 출판된 주요 갑골문 수록집과 책 속에 수록된 甲骨片 숫자이다.

1903년 劉鶚 《鐵雲藏龜》 1,058片
抱殘守缺齋(포잔수결재) 石印本(석인본) 線裝(선장) 6冊. 劉鶚이 소장한 5,000여 편의 갑골에서 선별한 것으로 수록된 갑골은 대부분 卜甲(복갑)인데, 僞刻과 중복해서 수록된 것을 제외하면 모두 1,051편이다.

1911년 羅振玉 《殷虛書契前編》 2,229片
《國學叢刊(국학총간)》石印本 3卷. 원래 서명은 《殷虛書契》이며, 1912년에 다시 影印本(영인본)으로 간행했다가, 최종적으로 1913년에 珂羅版8)影印本 線裝 8卷4冊으로 발간하였다. 이 책에 수록된 갑골은 대부분 羅振玉 자신이 소장한 것이고, 일본인 三井(삼정)씨 소장 113편과

---

8) 콜로타이프(collotype)판.

劉鶚 소장 15편 등이 들어있다.

1914년 羅振玉 《殷虛書契菁華》 68片
珂羅版影印本 線裝 1冊. 이 책에 수록된 4편의 소 肩胛骨 卜骨은 큰 글자에 붉은 색이 입혀져 있는데 武丁(무정)시기의 舌方(공방), 土方 (토방)과의 관계를 기록하고 있는 귀중한 역사자료이다.

1916년 羅振玉 《殷虛書契後編》 1,104片
《藝術叢編(예술총편)》第1集 珂羅版影印本 線裝 1冊. 羅振玉 소장 갑골 중 《殷虛書契前編》을 편찬할 때 누락되었던 1,000여 편과 일부 다른 사람 소장 갑골을 수록하였다.

1917년 明義士(J.M.Menzies) 《殷虛卜辭(은허복사)》(Oracle Records from the Waste of Yin) 2,369片
上海別發洋行(상해별발양항) 石印摹本(석인모본) 1冊. 캐나다인 明義 士(명의사)가 自序(자서)에 밝힌 바에 의하면, 본인이 소장한 50,000편 가운데에서 2,369편을 선별하여 직접 摹寫(모사)하여 발간하였다.

1917년 王國維 《戩壽堂所藏殷虛文字》 655片
《藝術叢編》第3集 石印本 線裝 2冊. 수록된 갑골은 卜骨이 대부분인데, 원래 劉鶚이 소장했던 것에서 王國維가 선별하였다. 이 책은 第1冊에 서문과 圖版(도판)을 싣고, 第2冊은 '考釋'을 실었는데, 문자의 考釋뿐 만 아니라 殷代(은대)의 제도에 대한 王國維의 창의적 견해가 돋보인다.

1921년 林泰輔 《龜甲獸骨文字》 1,023片
日本商周遺文會(일본상주유문회) 影印本 線裝 2卷2冊. 일본인 林泰 輔(임태보)가 일본에서 최초로 출판한 갑골수록집이다. 책의 뒷 부분에

林泰輔가 고석한 天干(천간), 地支(지지), 숫자, 조상 이름, 상용자 등의 갑골문 摹本(모본)이 수록되어 있지만, 출처 표기가 없어서 이용에 다소 불편함이 있다.

1925년 王襄 《簠室殷契證文(보실은계증문)》 1,125片

天津博物院(천진박물원) 石印本 線裝 4冊. 이 책은 王襄(왕양)이 모은 4,000여 편의 갑골 중에서 선별한 것을 수록하였는데, 갑골 수록집 가운데 처음으로 갑골을 天象(천상), 地望(지망), 帝系(제계) 등의 事類(사류)별로 배열하였고, 수록한 拓本마다 저자의 考釋을 실었다.

1933년 郭沫若 《卜辭通纂》 929片

日本 文求堂(문구당) 石印本 線裝 4冊. 과거의 갑골 수록집들은 한 편의 갑골에서 잘려진 조각들을 각기 따로 수록하였는데, 이 책은 郭沫若이 직접 綴合하여 하나로 수록하였다. 이 책에 수록된 갑골은 대부분 이전의 수록집에 보이는 것이지만, 考釋 부분에 郭沫若의 참신한 견해가 많아서 참고 가치가 매우 크다.

1933년 羅振玉 《殷虛書契續編》 2,016片

珂羅版影印本 線裝 6卷6冊. 이 책에 수록된 갑골의 拓本은 대부분 劉鶚, 王襄 등 다른 수장가들의 甲骨로 다른 책과 중복된 것이 많고 새로운 자료는 375편 뿐이다.

1933년 商承祚 《殷契佚存(은계일존)》 1,000片

金陵大學(금릉대학) 中國文化研究所叢刊(중국문화연구소총간)甲種(갑종) 珂羅版影印本 線裝 2卷2冊. 商承祚(상승조)가 해외를 포함한 여러 수장가의 갑골 拓本을 모아서 편찬한 책으로, 수록된 것 가운데 뼈에 무늬를 조각하거나 글자 속에 綠松石(녹송석)을 새겨 넣은 갑골

등 다른 수록집에서 볼 수 없는 귀한 자료들이 포함되어 있다.

1935년 方法斂 《庫方二氏藏甲骨卜辭(고방이씨장갑골복사)》(The Cou-ling-Chalfant Collection of Inscribed Oracle Bone) 1,687片

商務印書館(상무인서관) 石印摹本 線裝 1冊. 미국인 庫壽齡(고수령)과 方法斂(방법렴)이 소장한 1,687편을 摹寫하여 편찬한 책으로, 사슴뿔 刻辭도 한 편 포함되어 있다. 이 책 속에는 많은 僞刻이 포함되어 있는데, 그 가운데 '家譜刻辭(가보각사)'에 대한 眞僞(진위)논란은 아직도 계속되고 있다.

1937년 郭沫若 《殷契粹編》 1,595片

日本 文求堂 石印本 線裝 5冊. 이 책은 劉體智(유체지)가 소장한 갑골 중에서 선별한 1,595편을 《卜辭通纂》의 분류에 따라 수록하고 考釋하였는데, 갑골이 포괄하는 내용이 매우 다양하고 郭沫若의 고석 또한 참신한 점이 많아 참고 가치가 매우 크다.

1939년 曾毅公 《殷契叕存(은계철존)》 75片

齊魯大學 國學硏究所 線裝 1冊. 曾毅公(증의공)이 16종의 수록서에서 추출한 甲骨片을 綴合하여 편집한 최초의 갑골편 綴合 전문서적이다. 많은 오류도 보이지만, 이 책은 甲骨片을 5期의 순서로 卜甲(복갑)을 앞에 卜骨을 뒤에 배치하였고 釋文도 점복 날자 순서로 배열하는 등 참신한 체례를 갖추었다.

1945년 胡厚宣 《甲骨六錄(갑골육록)》 670片

齊魯大學 國學硏究所專刊(국학연구소전간) 石印本 1冊. 이 책은 胡厚宣이 中央硏究院을 사직하고 四川(사천)에서 강의할 때, 中央大學(중앙대학), 華西大學(화서대학), 淸暉山館(청휘산관), 束天民氏(속천민

씨), 曾和㲼氏(증화군씨)와 雙劍誃(쌍검치)가 소장한 갑골 670편을 모아 拓本, 摹本, 釋文의 순서로 편집한 책이다. 수록 편수는 많지 않지만, 담고 있는 내용이 갑골의 연구에 중요한 가치를 지니고 있다.

1948년 董作賓 《殷虛文字甲編》 3,942片

中央硏究院 歷史語言硏究所 中國考古報告集之二(중국고고보고집지이) 小屯第二本(소둔제이본) 商務印書館 1冊. 李濟(이제)가 總編輯(총편집)이지만, 董作賓이 제1차에서 제9차까지 은허발굴에서 출토된 6,513片 가운데 字甲(자갑) 2,467片과 字骨(자골) 1,399片을 선별하여 拓本한 것을 편집한 책이다. 이 책에 수록된 갑골들은 과학적 발굴의 결과물이기 때문에 각 편마다 발굴 次數(차수)와 원래 分類番號(분류번호)를 표시하여 자료의 가치를 높였다.

1948-1953년 董作賓 《殷虛文字乙編》 9,105片

中央硏究院 歷史語言硏究所 中國考古報告集之二 小屯第二本 全3冊 上中下3輯.

上輯(상집)은 1948년 商務印書館, 中輯(중집)은 1949년 商務印書館, 下輯(하집)은 1953년 臺灣中央硏究院 歷史語言硏究所에서 출판하였다. 李濟가 總編輯이지만, 董作賓이 제13차에서 제15차까지의 발굴에서 출토된 18,405片 가운데 9,105片을 拓本하여 출간하였다.[9] 《殷虛文字甲編》보다 수록된 자료도 많고, 매 편마다 출토된 坑位(갱위) 登錄番號(등록번호)도 표시하여 자료가치가 《殷虛文字甲編》보다 훨씬 크다.

1951년 胡厚宣 《戰後寧滬新獲甲骨集(전후영호신획갑골집)》 1,143片

來熏閣書店(내훈각서점) 線裝 3卷2冊. 이 책은 戰後(전후)에 寧(南京)

---

9) 붉은 색 글씨가 있는 甲骨片은 영인하였다.

과 滬(上海) 두 지역에서 수집한 갑골의 摹本을 胡厚宣의 4期分期法(4기분기법)의 순서에 따라 수록하고 있다.

1951년 胡厚宣《戰後南北所見甲骨錄(전후남북소견갑골록)》3,276片
來熏閣書店 線裝 全3冊. 이 책은 戰後에 輔仁大學을 비롯한 중국 각지에서 수집한 갑골 摹本을 胡厚宣의 4期分期法의 순서에 따라 수록하고 있다.

1954년 胡厚宣《戰後京津新獲甲骨集(전후경진신획갑골집)》5,642片
群聯出版社(군련출판사) 線裝 4冊. 이 책은 戰後에 北京과 天津(천진)에서 수집한 갑골의 拓本을 胡厚宣의 4期分期法의 순서에 따라 수록하고 있다. 수록된 갑골 속의 사람 두개골 刻辭와 四方風名이 들어있는 소 肩胛骨과 5종 記事刻辭 등에 대한 胡厚宣의 고증이 상세하다.

1955년 胡厚宣《甲骨續存(갑골속존)》3,753片
群聯出版社 上下編 3冊. 이 책은 上編에 拓本 2,755편과 下編에 摹本 998편을 수록하고 있다. 책 뒤에는 자료의 출처인 수장가 40家의 명칭과 수록 片수를 수록하였다.

1976년 周鴻翔《美國所藏甲骨錄(미국소장갑골록)》681片
Berkeley University of California 1冊. 이 책은 周鴻翔(주홍상)이 미국의 41개 대학과 미술관 소장 갑골을 拓本으로 수록하였는데, 본문은 모두 영문으로 작성되었다.

1978-1983년 郭沫若主編 胡厚宣總編輯《甲骨文合集》41,956片
中華書局(중화서국) 13冊. 이 책은 중국과 해외의 100여 종 갑골수록집과 중국내 100여 기관과 개인 소장 갑골을 대상으로 탁본과 사진 등을 수집하여 中國科學院 歷史硏究所 先秦史硏究室에서 편집하여 간행하였다. 자료를 모두 수집한 후에 중복된 것을 정리하고, 오류를 수정한 뒤 다시 綴合 등의 과정을 거쳐 총 41,956편을 수록하였다. 자료는 기본적으로 董作賓의 5期分期法에 따라 수록하였는데, 학자들의 의견이 확정되지 않은 갑골들은 零期(0기)로 분류하여 1期의 뒤에 수록하였다. 매 期의 갑골은 다시 내용에 따라 22개의 事類로 분류하여 수록하였다. 이 책은 80여 년 동안 발굴되거나 수집된 갑골 자료를 집대성한 것으로 갑골의 연구에 끼친 영향은 다른 어떤 수록서보다 크다고 할 수 있다.

1980년 中國社會科學院考古硏究所 《小屯南地甲骨(소둔남지갑골)》 4,612片

中華書局 上下 2冊. 1973년 小屯南地(소둔남지) 發掘에서 출토된 전체 갑골 4,612편을 수록하였는데, 530편을 綴合하였고, 또 反面(반면)에 있는 갑골문을 더하면 전체 수록한 갑골은 4,589편이다. 붉은 글씨를 쓴 甲骨片의 사진 8편을 제외하고 나머지는 모두 拓本을 수록하였고, 매편 마다 釋文을 실었다. 釋文과 鑽鑿形態(찬착형태)를 수록한 下冊은 1983년 출간되었다.

1985년 李學勤 . 齊文心 . 艾蘭 《英國所藏甲骨集》 2,735片

中華書局 上下 2冊. 이 책은 영국에 소장된 殷墟 甲骨을 모두 수록한 책으로 《甲骨文合集》의 체재로 편집하였다. 釋文을 수록한 下集은 1992년에 출간되었다.

1999년 彭邦炯(팽방형), 謝濟(사제), 馬季凡(마계범) 《甲骨文合集補編(갑골문합집보편)》 13,450片

語文出版社(어문출판사) 上下2編 7冊. 이 책은 殷墟에서 출토된 갑골과 綴合한 갑골 拓本 13,170편과 摹本 280편, 그리고 殷墟 이외 지역에서 출토된 316편을 《甲骨文合集》의 체재에 따라 수록하였다.

2003년 中國社會科學院考古硏究所 《殷墟花園莊東地甲骨(은허화원장동지갑골)》 689片

雲南人民出版社(운남인민출판사) 6冊. 이 책은 劉一曼(유일만)과 曹定雲(조정운)이 1991년에 殷墟花園莊東地 墳墓(분묘) H3에서 발견된 갑골을 수록하였다. 이 책은 가장 최근에 출판된 것으로 기존의 수록서와 다르게 拓本, 摹本, 사진, 鑽鑿(찬착) 형태, 거북의 種屬(종속) 정보, 釋文, 글자 색인 등을 함께 실어서 자료의 이용가치가 매우 크다.

2.2.2 主要 工具書

다음은 갑골문 연구에 필요한 工具書(공구서)인데, 우선 중요한 字典(자전)과 그 속에 수록된 標題字(표제자) 숫자이다.

1934년 孫海波 《甲骨文編(갑골문편)》 1,007字

哈佛燕京學社(합불연경학사) 石印本 14卷 線裝5冊. 최초의 본격적 갑골문 字典으로 본문에는 1,007자를 《說文解字(설문해자)》[10]의 순서로 수록하였는데, 《說文》에 나오는 765자와 《說文》에 없는 193자, 重文(중문) 49자이며, 부록의 1,110자를 포함하여 총 2,117자를 수록하고 있다. 매글자 마다 출처와 쪽수 정보를 제시하여 검색이 용이하다.

1959년 金祥恒 《續甲骨文編(속갑골문편)》 2,500여字

藝文印書館(예문인서관) 線裝 4冊. 金祥恒(김상항)이 《甲骨文編》이

---

10) 아래부터 《說文》이라 부른다.

출간된 1934년 이후 37권의 갑골 자료를 모아 《甲骨文編》의 체재대로 편찬한 자료집으로 2,500여 자를 수록하였는데, 重文을 포함하면 총 50,000여 자가 된다. 수록된 자료가 풍부하고 책 뒤의 檢字表(검자표)를 筆劃(필획)수에 따라 배열한 것과 合文을 별도로 표시해놓은 것 등 검색이 아주 편리하게 되어있다.

1965년 李孝定 《甲骨文字集釋(갑골문자집석)》 1,840字

中央研究院 歷史語言研究所 全8冊. 李孝定(이효정)이 여러 연구자의 文字 考釋을 모아 《說文》의 540부 순서로 총14권에 수록한 70여 년 甲骨文字 考釋의 성과를 집대성한 저작이다. 각 글자마다 첫 머리에 小篆(소전)을 제시하고 갑골문의 각종 이체를 나열한 후, 해당하는 여러 학자들의 견해를 출처와 함께 제시하였고 마지막에는 본인의 의견을 밝혔다.

1988년 徐中舒(서중서) 《甲骨文字典(갑골문자전)》 2,837字

四川辭書出版社(사천사서출판사) 1冊. 이 책은 《說文》의 小篆을 표제 자로 제시한 후 《說文》의 部首(부수) 순서대로 갑골문을 배열하였다. 《說文》에 없는 글자는 각 部(부)의 뒤에 수록하였다. 해설 부분에서 갑골문의 本義(본의)뿐만 아니라, 派生義(파생의)와 假借義(가차의)도 갑골 예문과 함께 제시하여, 참고 가치가 매우 크다.

1996년 于省吾 《甲骨文字詁林》 3,691字

中華書局 4冊. 이 책은 총 3,691개의 갑골문 字形(자형)을 149개 부수로 나누어 수록하였는데, 單字(단자)는 3,547개이다. 이 책에서는 기본적으로 1996년 이전에 출판된 모든 考釋 성과를 망라하였고, 대부분 考釋마다 평가의견을 제시하였으며 책의 뒤에 筆劃(필획)과 倂音(병음)으로 갑골문을 검색할 수 있는 색인을 두어 실용성이 매우 크다.

2012 李宗焜(이종곤) 《甲骨文字編(갑골문자편)》 46,635字

中華書局 4冊. 2010년까지 발견된 모든 갑골문자를 추출하였는데, 考釋이 가능한 글자 1,682개를 포함하여 총 46,635개의 字形을 수록한 字形 모둠집이다. 자료의 양도 풍부할 뿐만 아니라, 字形 또한 명료하고 책 뒷부분에는 다양한 검색방법을 수록하여 연구자들이 갑골문의 자형을 검색하기에 매우 편리한 공구서이다.

2.2.3 主要 索引類 書籍

다음은 주요 索引類(색인류) 서적이다.

1967년 島邦男 《殷墟卜辭綜類(은허복사종술)》

汲古書院(급고서원) 1冊. 일본 학자 島邦男(도방남)이 1903년부터 1967년까지 발간된 65종 자료 속의 모든 갑골문을 추출하여 자신이 창안한 165개 部首로 분류하여 나열하고 그 아래에 이 글자가 출현하는 卜辭들을 시대순으로 배열한 한 책이다. 이 책은 갑골문의 文例(문례)를 비교 연구하는 데 가장 편리한 체재의 공구서라는 평가와 《說文》의 굴레를 벗어나 갑골문 자체의 字形에 근거해 165부를 창안하여 갑골문 연구의 객관성을 높였다는 평가를 받고 있다.

1989년 姚孝遂(요효수)主編 《殷墟甲骨刻辭類纂(은허갑골각사류찬)》

中華書局 上中下 3冊. 이 책은 《甲骨文合集》, 《小屯南地甲骨》, 《英國所藏甲骨集》, 《懷特氏等收藏甲骨文集(회특씨등수장갑골문집)》에 수록된 갑골문을 대상으로 하여, 총 49,692편 속 문자를 분류하여 편집하였다. 150개 部首 아래에 해당 글자를 제시하고 모든 例文(예문)을 출처와 함께 갑골 원문 摹寫와 이에 대응하는 한자를 수록하였고, 部首,

筆劃, 倂音으로 모두 검색이 가능하게 索引(색인)이 갖추어져 있다. 《甲骨文合集》이 출판된 이후로 가장 종합적이고 체계적인 갑골문 工具書라는 평가를 받고 있다.

2.3 主要 發掘 狀況

2.3.1 中央研究院 歷史語言研究所 發掘

다음은 1928년 中央研究院 歷史語言研究所가 殷墟에서 첫 발굴을 시작한 이래로 진행된 주요한 갑골 발굴 사항이다. 中央研究院 歷史語言研究所에서는 殷墟에서 총 15차례의 발굴을 진행했는데, 글자가 있는 갑골의 출토 사항은 아래와 같다.

> 1928년 中央研究院 歷史語言研究所 第1次發掘 854片
>   字甲555片 字骨299片
>
> 1929년 中央研究院 歷史語言研究所 第2次發掘 740片
>   字甲55片 字骨685片
>
> 1929년 中央研究院 歷史語言研究所 第3次發掘 3,012片
>   字甲2,050片 字骨962片
>   大龜四版(대귀사판) 포함
>
> 1931년 中央研究院 歷史語言研究所 第4次發掘 782片
>   字甲751片 字骨31片

1931년 中央研究院 歷史語言研究所 第5次發掘 381片
　　　　字甲275片 字骨106片

1932년 中央研究院 歷史語言研究所 第6次發掘 1片
　　　　字骨1片

1932년 中央研究院 歷史語言研究所 第7次發掘 29片
　　　　字甲23片 字骨6片

1933년 中央研究院 歷史語言研究所 第8次發掘 257片
　　　　字甲256片 字骨1片

1934년 中央研究院 歷史語言研究所 第9次發掘 441片
　　　　字甲438片 字骨3片
　　　　侯家莊南地(후가장남지)에서 大龜七版(대귀칠판)과 字甲1片
　　　　字骨8片 추가 발굴

1934-1935년 中央研究院 歷史語言研究所 第10-12次發掘
　　　　大墓(대묘) 10기와 小墓(소묘) 1,228기 발굴

1936년 中央研究院 歷史語言研究所 第13次發掘 17,804片
　　　　字甲17,756片 字骨48片
　　　　YH127坑에서 17,096片 출토

1936년 中央研究院 歷史語言研究所 第14次發掘 2片
　　　　字甲2片

1937년 中央硏究院 歷史語言硏究所 第15次發掘   599片
　　　字甲549片 字骨50片

2.3.2 기타 發掘

　中央硏究院 歷史語言硏究所 이외의 기관에서 진행한 주요 發掘
과 出土 상황은 다음과 같다.

1929-30년 河南省圖書館(하남성도서관) 小屯1,2次發掘 3,656片
　　　　字甲2,673片 字骨983片

1973년 中國科學院 考古硏究所 安陽工作隊(안양공작대) 小屯南地發
　　　掘 5,335片
　　　字甲75片 字骨5,260片

1989년 中國科學院 考古硏究所 安陽工作隊 小屯村中發掘 294片
　　　字甲1片 字骨293片

1991년 中國科學院 考古硏究所 安陽工作隊 花園莊東地發掘 689片
　　　字甲684片 字骨5片

　다음은 殷墟 이외의 지역에서 진행된 주요 發掘과 出土 상황이다.

1977년 陝西省考古硏究所(섬서성고고연구소) 岐山考古發掘隊(기산
　　　고고발굴대) 陝西省岐山鳳雛村發掘(섬서성기산봉추촌발굴)
　　　280여片

H11과 H31에서 갑골 16,000여 片중 字甲骨280여片

1979년 陝西省考古研究所 岐山考古發掘隊 陝西省岐山鳳雛村發掘 9片
H32에서 卜甲400여 片가운데 字甲骨9片

1979-80년 周原考古隊(주원고고대) 扶風縣齊家村發掘(부풍현제가촌
발굴) 5片
22片가운데 字甲骨5片

03

漢字의 歷史에서
甲骨文의 位置

3.1 漢字 起源의 硏究

갑골문이 한자의 연구에 있어서 가지는 중요한 역할 가운데 하나가 한자 기원의 추정에 객관적 자료가 된다는 것이다. 세계 각국의 오래된 문자를 보면, 출현 당시부터 문자 본연의 역할인 언어와 일대일 대응하여 시각화하는 기록성이 완벽하지는 않았고, 오랜 세월을 거치면서 비로소 언어를 제대로 기록하는 문자 체계를 완성하였다.

왜냐하면 한글처럼 의도를 가지고 기획한 문자들은 모두 인류가 처음 문자를 발명하고 나서 상당한 시간이 경과된 후에 나온 것이고, 오래된 문자들은 비록 발명에 관한 전설이 전해지지만 대부분 그림이나 간단한 부호에서 출발하여 체계를 갖추어왔기 때문이다.

3.1.1 文獻記錄

한자의 경우도 다른 고대 문자들과 마찬가지로 文獻 속에 그 기원에 관한 다양한 기록이 보인다. 그런데 문헌 속의 기록은 그대로 신뢰할 것이 아니라, 꾸며진 부분을 덜어내고 봐야 진실에 접근할 수 있다. 한자의 起源(기원)에 관한 여러 기록들은 기원과의 관련성에 따라 間接起源(간접기원)과 直接起源(직접기원)으로 나누어 볼 수 있다.

우선 문자 이전의 소통 방법에 대한 기록으로 八卦(팔괘), 結繩(결승), 書契(서계)가 있다. 《易(역) · 繫辭下(계사하)》에 다음과 같은 기록이 보인다.

古者包犠氏之王天下也, 仰則觀象於天, 俯則觀法於地, 觀鳥獸之文與地之宜, 近取諸身, 遠取諸物 於是始作八卦, 以通神明之德, 以類萬物之情. 作結繩而爲網罟, 以佃以漁, 蓋取諸《離》.

옛날에 포희씨가 천하를 다스릴 때, 우러르면 하늘의 日月星辰(일월성신)의 現象(현상)을 살펴보고, 구부리면 땅의 높고 낮은 여러 법칙을 살펴보고, 날짐승과 들짐승들의 무늬와 땅의 형세를 살펴보며 가까이는 사람의 몸에서 취하고, 멀리는 우주만물에서 취하여 처음으로 八卦를 짓고 이로써 神明(신명)의 德(덕)에 通(통)하며 이로써 만물의 情(정)을 分類(분류)하였다. 노끈을 맺고 그물을 만들어(도구를 제작하여) 사냥하고 물고기를 잡게 하니 대저 重火離卦(중화리괘)(☲)에서 象(상)을 취하였다.

上古結繩而治, 後世聖人易之以書契, 百官以治, 萬民以察, 蓋取諸《夬》.

상고시기에는 (문자가 없어서) 노끈을 맺어서 (일을 기록하여) 다스리더니 후세에 와서 성인이 書契로써 바꾸어 백관을 이로써 다스리며, 만민을 이로써 살피니 대저 澤天夬卦(택천쾌괘)(☱)에서 象을 취하였다.

包犠(포희)씨는 전설에 자주 등장하는 伏犠(복희)이다. 書契는 漢代(한대) 말기 鄭玄(정현)의 注(주)에 의하면 문자가 새겨진 나무로 만든 계약서를 가리키는데, 후에 이 단어는 왕왕 문자의 동의어로 사용된다. 東漢(동한)시대 許愼(허신)은 《說文解字·叙(서)》에서 《易·繫辭下》의 내용을 고쳐서 '結繩而治(결승이치)'를 神農(신농)씨가 시행했고, 書契로 대체한 후세의 성인을 직접 黃帝(황제)의 史官(사관) 倉頡(창힐)이라 지칭했다.

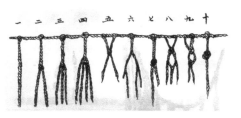

그림 7 倉頡_趙峰(2009:53)　　　　**그림 8** 結繩_牟作武(2000:10)

　　그러나 《易·繫辭下》나 《說文解字·叙》 모두 八卦를 文字와 직접 연관시키지는 않았다.

　　周原甲骨文(주원갑골문)이나 金文의 자료를 보면 3개 혹은 6개의 數字組(수자조)로 구성된 符號(부호)가 자주 보이는데, 이것들이 바로 易卦(역괘)의 초기형태이다.

그림 9 八卦　　　　**그림 10** 陝西　　　　**그림 11**

M一一三號墓 出土 銅瓿　　周原甲骨H11:7_柳東春

銘文_허성도 외(2008:32)　　　(1996:227)

이후에 숫자 가운데 홀수가 陽爻(양효)로 변했고, 짝수가 陰爻(음효)로 변해서 易(역)의 陰陽爻(음양효)가 된 것이다. 이로 따져보면 陰陽爻가 출현한 시기는 한자가 생겨난 시대에 비해서 한참 뒤라는 것이 분명하다. 그러므로 한자가 八卦에서 비롯됐다는 설이 성립할 수 없는 것이다. 초기에 結繩이나 八卦 같이 기억을 상기시켜주는 방법을 사용하다가, 언어를 기록하는 문자를 발명하여 이를 대체하였다고 보는 것이 이치에 맞을 것이다.

나무와 같은 재료에 간단하게 새기는 書契도 結繩과 마찬가지로 기억을 돕는 보조 수단의 역할을 한다는 점은 분명하지만, 사람 간에 생각을 직접적으로 교류하는 도구로 볼 수는 없다.

그럼 直接 起源說(기원설)을 살펴보자.《說文解字·叙》에 언급한 것과 같이《世本(세본)》,《呂氏春秋(여씨춘추)》,《韓非子(한비자)》등 戰國(전국)시대 말기의 문헌에는 黃帝(황제)의 史官이었던 倉頡이 짐승의 발자국을 본떠서 한자를 만들었다는 말이 널리 유행하였다. 그러나 한 개인이 한자 체계와 같은 방대한 규모의 문자 체계를 만든다는 것은 가능하지 않다. 물론 앞에서 언급한 대로 한글과 같이 확실한 의도를 가지고 기획된 문자가 있기는 하지만, 모두가 한참 뒤의 일이고 또 간단한 表音體系(표음체계)를 갖춘 문자들이다. 따라서 倉頡이 한자를 만들었다는 설에 대하여 戰國시대 말기의《荀子(순자)》에서도 이미 부정적 의견을 보이고 있는 것이다.[11]

---

11) 허성도 외(2008:34-35) 참조.

3.1.2 實物資料

위와 같이 文獻에 전해지는 말 외에, 보다 객관적으로 한자의 기원을 살펴볼 수 있는 방법은 없을까? 갑골문의 발견은 이에 대한 궁금증을 해결해 줄 수 있을 것이라는 기대를 가지게 하였다. 실제로 갑골문을 접해본 초기의 학자들은 대부분 한자의 기원이 원시적 그림과 밀접한 관련이 있다고 생각하였다.[12) 물론 일부 한자들 특히 六書(육서)에서 指事(지사)에 해당하는 글자들은 그림과 연계된 象形字(상형자)보다도 오히려 먼저 출현했을 수도 있다고 보기도 하였다.[13) 近代(근대) 이후로 考古學이 발전하고 중국 각지에서 갑골문보다 이른 시기의 새로운 자료들이 계속 발굴됨에 따라 이러한 한자의 기원에 관한 논의들이 더 활발하게 진행되었다.

새로운 논의의 중심에 있는 巖刻畵(암각화), 靑銅器(청동기) 族徽(족휘), 陶器符號(도기부호) 등은 현재까지는 한자의 기원을 밝히는 데 있어서 가장 오래된 객관적 자료들이다. 문제는 이 자료들과 갑골문과의 연관성을 어떻게 볼 것이냐이다. 이들 간의 관련성이 입증된다면 한자 체계의 형성과정과 起源 시기에 관한 기존의 견해가 바뀔 수 있기 때문이다.

---

12) 陳夢家(1988:73-74)는 "인류가 하늘의 달과 별을 보고 그대로 그리고 그 것을 소통의 수단으로 사용하기에 이르러 비로소 문자가 되었다. 문자는 사물을 그린 시각 부호이면서 또한 언어를 기록하는 부호이다." 라 하였다.
13) 汪寧生(1981:1) 참조.

3.1.2.1 巖刻畵와 族徽

암각화는 시베리아부터 중국의 寧夏(영하), 靑海(청해), 內蒙古(내몽고), 西藏(서장), 廣西(광서) 등지의 바위나 동굴 속에 분포하는 그림으로, 당시 사람들의 생각을 생생하게 읽을 수 있는 視覺(시각) 자료이다. 내몽고 陰山(음산) 암각화를 보자. 이 속의 마차 모습과 활을 쏘는 사람 모습 등은 하나씩 떼어내어 갑골문의 해당 글자와 비교해보면 모양이 별 차이가 나지 않는다. 그러나 우리가 이 암각화 전체가 담고 있는 내용을 言語(언어)로 설명해 본다면, 갑골문과 같은 문자의 기록과는 확연히 다름을 알 수 있다. 갑골문과 달리 암각화는 말로 읽혀지는 것이 아니기 때문에 사람들마다 다르게 설명할 수밖에 없다. 우리가 설사 암각화를 통해서 이것을 남긴 사람들이 표현하고자 하는 의도가 무엇인지를 알고있더라도, 사람마다 내용을 똑같은 말로 설명할 수 없는 것이다. 암각화는 문자처럼 언어와 일대일 대응하여 기록된 것이 아니므로, 언어로 환원되지 않기 때문이다. 따라서 우리는 이것을 문자의 기록이 아니라 그림이라고 부를 수밖에 없다. 우리는 다만 암각화 속의 그림으로 생각을 시각화하여 표현하고, 또 그 표현 방법이나 기법이 발전해가는 모습을 통해 한자가 탄생할 여건이 어느 정도 성숙되었는가를 짐작할 수 있을 뿐이다.

그림 12 內蒙古 陰山 巖刻畵(2~3000년전)

巖刻畵와 마찬가지로 생각을 시각화하여 표현한 것으로, 種族(종족)을 나타내기 위하여 商代 말부터 西周(서주)시기의 靑銅器 일정한 부위에 기록한 族徽

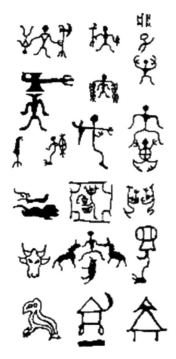

그림 13 靑銅器 族徽_張玉金·
夏中華(2001:65)

가 있다. 이런 族徽는 시각부호를 통하여 자기 種族의 정체성을 나타내는 역할을 한다. 이런 族徽를 보면 당시 사람이 나타내고자 하는 意圖(의도)는 대략적으로 파악이 가능하지만, 巖刻畵와 마찬가지로 누구나 같은 음성언어로 표현할 수는 없으므로 역시 문자로 볼 수 없다.

우리가 암각화와 족휘를 통해서 알 수 있는 것은 두 가지 모두 視覺符號를 통하여 자신들의 생각을 나타내고 있다는 점이다. 즉 당시 사람들이 이미 생각을 視覺化하는 방식을 사용하고 있다는 것을 알려준다. 위에서 언급한대로 이것들을 문자로는 볼 수는 없지만, 이것들을 통해서 당시 사람들이 이미 언어의 제약을 극복할 수 있는 문자적 표현 방법을 사용하고 있다는 것을 확인할 수 있다.

3.1.2.2 陶器符號

1950년 처음 出土된 이래로 꾸준히 발굴되고 있는 陶器에 새겨진 符號들도 한자의 기원에 관한 정보를 제공하고 있다. 이 符號들은 陶器의 일정한 部位(부위)에 意圖的(의도적)으로 새긴 것들로 일반적으로 陶器符號라 부른다. 도기부호는 다양한 형태로 나타나는데,

仰韶(앙소)나 臨潼(임동)에서 出土된 陶器 위에 보이는 符號처럼 幾何學的(기하학적) 文樣(문양)에 가까운 것과 山東省 大汶口(대문구))에서 출토된 도기 위에 있는 符號처럼 그림 형태에 가까운 것으로 크게 둘로 나눌 수 있다. 陶器符號들도 巖刻畵와 마찬가지로 갑골문과 비교해보면 그 形態(형태)가 같거나 비슷한 것도 있지만, 하나씩 출현하기 때문에 언어를 기록했는지 확인할 수 없다. 언어의 기록으로 판정할 수 있는 확실한 근거가 말을 發話(발화)순서대로 기록한 것인데 이 부호들은 하나씩만 나오기 때문이다. 위의 두 종류 도기부호가 특정 부위에 단독으로 나타나는 것과 달리 여러 개의 부호가 연이어 새겨진 도기가 있다. 山東省 丁公村(정공촌)에서 발굴된 灰陶(회도)인데, 언어를 발화 순서대로 기록한 문자처럼 여러 符號가 연속해서 출현한다. 그런데 문제는 이 恢陶에 출현하는 符號들은 다른 陶器符號나 후대의 갑골문 등과 연관성을 찾을 수가 없다는 것이다. 따라서 이전에는 대부분의 문자 연구자들이 이 恢陶를 僞作(위작)으로 보았다.[14] 하지만 이후로 중국 곳곳에서 이와 유사한 형태의 符號들이 계속해서 발견됨에 따라, 학자들 가운데 이것을 지금은 이미 사라진 漢字體系(한자체계) 이외의 다른 계열의 문자로 보아야 한다는 의견을 제기하는 사람도 있다.

그림 14 BC 4000-4770 仰韶 西安 牛坡 陶器符號 《西安牛坡》197쪽

---

14) 이 灰陶는 發掘할 때 발견된 것이 아니라, 發掘 後 博物館 收藏庫(수장고)에 保管하던 것을 몇 해가 지나서 정리하는 과정에서 발견한 것이다.

그림 15 BC 4000-4500 臨潼 姜寨 陶器符號_李大遂(2003:20)

그림 16 BC 2800-3500 山東 大汶口
陶器符號_裘錫圭(2013:25)

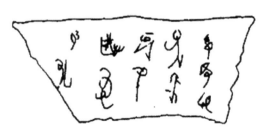

그림 17 BC2200 山東
鄒平 丁公村 灰陶_張玉金·夏中華(2001:69)

3.2 漢字體系 形成過程의 推定

이상에서 갑골문보다 時期(시기)가 더 이른 出土資料를 통해서 한
자의 起源과의 관련성을 살펴보았지만, 한자체계의 확실한 一員(일

48 甲骨文

원)인 갑골문과의 명확한 연계성을 확인하기는 어렵다는 결론을 얻게 되었다. 단지 기원전 2800부터 4770년 사이에 이미 시각부호를 통해서 생각을 표현하는 방식이 널리 사용되었다는 점을 확인할 수 있었다. 그렇다면 한자체계는 어떻게 형성되었을까? 우리는 위에서 살펴본 자료들에 근거하여 다음과 같이 추정할 수 있다. 언어를 기록하는 문자가 만들어지기 전에 사람들이 이미 巖刻畵, 族徽, 陶器符號와 같이 그림이나 각종 符號를 사용하여 자신들의 생각을 기록했다. 그러나 사회가 점차 발전하면서 사람들의 관계도 복잡해짐에 따라, 두루뭉술하게 생각을 표현하는 그림보다는 정확하게 생각을 전달할 필요성이 대두되었다. 이런 요구를 충족시킬 수 있는 방법은 그림을 말과 일대일 대응하는 약속된 부호를 만들어 말을 分節的(분절적)으로 기록하는 것이다. 이 약속된 부호가 바로 문자이다.

위의 과정을 보면, 그림처럼 사물은 모양을 그대로 표현한 象形字(상형자)가 가장 먼저 생겼을 것이라 생각할 수 있다. 그러나 상형자는 대부분 그림을 그대로 쓰면 되는 것이므로, 인간이 의도를 가지고 문자로 만들지는 않았을 것이다.[15] 사람들이 문자로 표현할 필요성을 절실하게 느낀 것은 아무래도 그림으로는 표현하기 힘든 숫자 개념이나 언어 속의 虛辭(허사) 그리고 사물의 屬性(속성)과 槪念(개념)을 나타내는 단어들이었을 것이다. 물론 一, 二, 三같은 숫자는 書契에서 칼로 홈을 판 모양처럼 단순한 圖形(도형)의 형태로 이전에 사용하던 것을 가져왔다. 하지만, '크다'는 槪念을 나타내기 위해서는 象徵的(상징적)인 표현법을 사용하여 성인이 두 팔을 벌리고 서 있는 모습인

---

15) 실제로도 그림과 문자로서의 상형자는 구분하기가 쉽지 않다.

'大(대)'字를 사용하였다.

그림 18 《3216》   **그림 19** 《28332》

이 글자는 外形上(외형상)으로는 여전히 그림과 구분이 되지 않지만, 이것이 '크다'는 概念을 나타낼 때는 그림과는 근본적 차이가 존재한다. 큰 사슴을 그림으로 표현할 때는 사슴의 모양을 크게 그리면 되지만, 문자로 표현할 때는 개념을 나타내는 大자와 사슴의 모양을 그린 鹿(록)자를 함께 써서 大鹿이라고 쓴다.

위에서 보이듯이 사슴을 나타내는 鹿자의 字形은 사슴을 그린 그림과 모양은 같지만, 둘은 각각 文字와 그림으로서 본질은 전혀 다르다. 즉 갑골문으로 쓴 大鹿을 그림으로 여긴다면, 사람과 사슴이 함께 있는 것이다. 이것을 문자로 읽으면 '큰 사슴'이라는 말을 기록한 것이다. 따라서 鹿처럼 사물을 모양대로 그린 상형부호는 그림인지 문자인지 구별할 수가 없고, 크다는 概念을 나타내는 大와 같은 문자와 결합한 다음에 비로소 그림과 구분되는 문자가 되는 것이다. 이런 이유 때문에 상형자는 다른 종류의 문자가 있어야 문자라고 인정받을 수가 있는 것이다.

大와 鹿처럼 字形이 그가 나타내는 意味(의미)와 관련이 있지만, 發音(발음)과는 必然的(필연적) 관계가 없는 글자를 表意字(표의자)라 한다. 그리고 갑골문에서의 ✕(五), ⋀(六), ✝(七)과 같이 字形이 그가 나타내는 意味와 아무런 관련이 없는 글자를 記號字(기호자)라고 한다. 記號字는 완전히 사람 간의 약속으로 정해진 것이기 때문에 학습하기도 기억하기도 어렵다. 따라서 인간의 부담을 줄이기 위하여 가능한한 수량을 늘이지 않는다.

그러나 사회의 지속적인 발전에 따라 언어로 표현할 일은 계속 많아질 수밖에 없고, 이에 따라 기록에 필요한 문자도 점차 더 늘어날 수밖에 없다. 늘어난 문자 수요를 表意字로 표현할 수도 없고, 記號字도 무한정 만들 수 없기 때문에, 이에 사람들이 생각해낸 것이 있는데 바로 表音(표음)의 방법이다. 이 방법은 기존 글자를 의미와 관계없이 발음부호로만 활용하는 것이다.16) 문자의 三要素(삼요소)인 形, 音, 義 가운데 글자의 音만을 사용하여 대응하는 글자가 없는 언어 속 단어의 발음을 기록하는 것이다. 이 방법을 통해서 表意의 방법으로 표현할 수 없는 말들도 文字로 기록할 수 있게 되었다. 이런 식으로 글자의 音만을 이용하여 언어를 기록한 글자를 假借字(가차자)라고 한다. 이 과정을 보면, 表意字가 생긴 다음에 그 발음만을 이용하는 假借(가차)의 방법이 생겼을 것이라고 생각할 수 있다. 이치상으로는 그렇지만, 사실 表意의 방법과 假借의 방법은 先後(선후)를 구분할 수 없을 정도로 거의 同時(동시)에 생겼다. 왜냐하면 假借字가 존재함

---

16) 메소포타미아 설형문자와 이집트 상형문자 등 그림 기원의 오래된 문자들도 일정한 시기가 지나면서 표의 방법의 한계에 직면하여 표음 방법을 함께 사용하였다. 이렇게 그림으로 음소를 표기하는 방법을 레부스 체계(rebus system)라고 한다. 예를 들면 설형문자에서 'Carpet'를 나타내기 위해서 양탄자 모습을 차별적으로 그리는 것은 쉽지 않으므로, 아예 'Carpet'의 음소를 나타내는 'Car'와 'Pet'의 모습인 달구지와 애완동물의 그림을 사용하여 표현하는 것이다.

으로 해서 우리가 表意字가 글자로 사용되었다는 것을 확인할 수 있기 때문이다.

　假借 방법의 발명은 문자의 언어기록 능력을 대폭 강화시켰다. 그런데 假借가 상당히 편리한 방법임이 분명하지만, 假借字가 많아지면서 새로운 문제가 나타났다. 즉 한 글자가 여러 단어를 表記할 수 있기 때문에, 이 글자가 도대체 어느 단어로 쓰인 것인지 정확한 의미를 파악하기 어려울 경우가 많아진 것이다. 이런 문제를 해결하기 위해서, 사람들은 假借字에 의미 정보를 알려주는 表意字나 表意符號를 덧붙이는 방법을 고안했다. 예를 들면 갑골문에서, '날개'를 나타내는 翼(익)의 象形字는 ㅌㅌ인데, 자주 假借되어 '내일'을 나타내는 翌(익)이라는 의미를 나타내기도 하였다. 후에 이 ㅌㅌ이 '날개'의 뜻으로 쓰인 것인지 '내일'의 뜻으로 쓰인 것인지를 구분해주기 위해, '내일'의 뜻으로 쓰이는 경우는 日자를 추가하여 으로 쓰는 전용 글자를 새로 만들었다. 이렇게 하여 만들어진 表音符號와 表意符號로 구성된 글자가 바로 形聲字(형성자)이다. 이 방법을 응용하여 위의 경우와 반대로 表意字에 소리를 나타내는 요소를 보태어 形聲字를 만들기도 하였다. 은 鳳凰(봉황)의 모습을 그린 象形字인데, 그림으로 표현할 수 없는 '바람'의 의미로도 假借되어 사용되었다. 이 글자가 '바람'의 의미로 사용되는 경우가 점점 더 많아지자, 봉황새의 의미를 위하여 원래의 자에 소리를 나타내는 凡(凡)자를 보태어 새로운 形聲字 을 만들었다. 위와 같이 形聲字는 이미 사용하고 있는 글자에 단어의 의미를 나타내는 表意符號나 발음을 나타내는 表音符號를 덧붙여 만든 것이다. 形聲字의 발명을 통해서 비록 한자의 수는 많이 늘어났지만, 한자의 언어 표기의 정확성이 크게 향상되었다. 한자가

비로소 중국어를 완벽하게 기록할 수 있는 문자체계가 된 것이다.

위에서 예로 거론한 여러 글자들에 보이는 것처럼, 갑골문은 한자체계 형성과정의 흔적을 字形 속에 담고 있다. 우리가 비록 현재까지의 자료로는 한자의 정확한 생성 시기가 언제인지를 확정하기는 어렵지만, 앞에서 언급한 巖刻畵, 族徽, 陶器符號와 甲骨文에 보이는 視覺化 表現(표현) 수준의 변화흔적을 통해서 대략적인 시기를 추정할 수 있다. 즉, 幾何形 陶器符號와 그림형태의 陶器符號가 출현하는 시기가 BC5000년경이고, 巖刻畵, 族徽 등에 보이는 視覺符號化의 성숙도에 근거하여 추정하면, 新石器時代(신석기시대) 농업이 발달한 이후인 BC3000년경 언어를 기록할 수 있는 漢字體系가 형성되었을 것이다. 일반적으로 文字로 言語를 제대로 기록하기 위해서는 보통 단어의 수가 1,000자가량은 되어야 한다고 한다. 馬顯彬·舟人(2004)도 甲骨文, 《說文解字》, 《康熙字典》의 글자 수 분석을 통해 한자의 수량이 1,000자 되는 시기를 BC3300년으로 추정하였다.[17]

갑골문에 보이는 현상도 이런 견해가 틀리지 않음을 보여주고 있다. 商代 후기의 갑골문에서 일부 글자들은 그림 같은 寫實的(사실적) 표현을 고집하지 않고 書寫의 편의를 위해서 자형의 방향을 바꾸었다. 예를 들면 𠁥(犬)자·𤘺(家)자, 𧰧(象)자 등은 네 다리가 땅을 향하지 않고 전혀 사실적이지 않게 사람처럼 두 발로 서 있는 모습이다. 이를 통해서 갑골문이 초기의 그림과 같은 형태에서 이미 문자로 많이 進化(진화)하였음을 알 수 있다. 그러나 또 한편으로는 아직도 원시적인 그림의 흔적을 간직한 면도 보인다. 언어 환경에 따라 字形을 바꾸

---

17) 馬顯彬·舟人(2004:67-69) 참조.

는 表意字들이 그 예이다. 즉 우리에서 특별하게 사육한 犧牲物(희생물)을 나타내는 牢(뢰)자는 사육한 동물의 종류에 따라, 속의 동물이 각각 牛, 羊, 馬로 바뀌어 로 쓴다. 이와 같은 原始性(원시성)과 進化性(진화성)이 섞여 있는 현상으로 보아, 갑골문이 쓰인 商代 후기는 한자가 완전한 문자체계를 갖춘 지 그리 오래되지 않은 시기임을 알 수 있다.

04

占卜 過程

4.1 占卜節次의 再構成

4.1.1 文獻 속의 占卜

《禮記(예기)·表記(표기)》에 공자가 夏(하), 殷, 周(주) 三代(삼대) 사람들에 대하여 언급한 말이 보이는데, 殷과 周 부분을 보자:

> 殷人尊神, 率民以事神, 先鬼而後禮, 先罰而後賞, 尊而不親, 其民之敝, 蕩而不靜, 勝而無恥; 周人尊禮尚施, 事鬼敬神而遠之, 近人而忠焉. 其民之敝, 利而巧, 文而不慙, 賊而蔽.
>
> 은나라 사람들은 신을 높이 받들어, 백성들을 신을 섬기게 이끌었다. 귀신을 우선시하고 예는 뒤로 하고, 罰(벌)을 우선시하고 賞(상)을 뒤로 하였고, 받들지만 친애하지 않았다. 은나라 백성들의 폐단은 방탕하여 조용하지 못하며, 이기려는데는 부끄러움이 없는 것이다. 주나라 사람들은 예를 높이 받들고 남에게 베푸는 것을 숭상하였으며, 귀신을 섬기고 공경하면서도 그것을 멀리하였고, 사람을 가까이하여 충성스럽게 한다. 그 백성들의 폐단은 이로운 것을 밝히지만 교묘하며, 文飾(문식)을 가하지만 거짓을 부끄러워하지 않으며, 남을 해치지만 그 사실을 덮어두려 한다.

여기에서 보이듯 殷代(은대) 사람들은 신령을 중시했기 때문에 일상의 거의 모든 사안에 대하여 占卜을 시행하였다. 이렇게 자주 占卜을 행하다 보니 점치는 일은 점차 의례적 행사가 되었을 것이다. 의례적 행사이므로 材料(재료)의 확보에서 가공, 점복의 시행, 내용의 기록과 보관 등 일련의 과정들이 규격화되는 것은 당연한 추세일 것이다. 아래에서는 이런 과정을 文獻과 出土資料를 근거로 해서 순서대

로 살펴보자.[1]

4.1.2 占卜 材料의 確保

앞에서 이미 언급했듯이 점복에 쓰인 材料는 대부분 거북 배 껍질과 소의 肩胛骨이다. 이런 재료들은 확보된다고 바로 占卜을 시행할 수 있는 것이 아니라, 生物(생물)에서 채취하는 것이기도 하고 占卜의 材料로서의 靈驗(영험)함을 갖추기 위하여 일련의 과정을 거쳐야 한다.

재료의 出處(출처)는 갑골문 자체의 기록을 참고할 수 있다. 占卜과 직접적인 관련이 없는 일반적인 내용을 기록한 소위 記事刻辭[2]의 기록을 보면, 龜甲은 자체에서 조달하는 것도 있겠지만 주로 南쪽이나 西쪽의 方國(방국)에서 貢納(공납)으로 들여온다. 이때 貢納으로 들여온 수량은 하나에서 千까지 다양하다.[3] 거북 껍질과 소뼈 이외에도 양, 사슴, 돼지, 말, 코뿔소, 코끼리 등 다양한 짐승의 뼈와 사람의 뼈 등이 갑골문의 재료로 사용되었다.[4] 거북 껍질과 소뼈도 腹甲과

---

1) 董作賓이 1929년에 발표한 《商代龜卜之推測(상대귀복지추측)》(《安陽發掘報告》第1期上)에서 처음으로 은대 사람들의 갑골재료 가공 및 점복 과정을 발굴자료에 근거하여 추정한 바 있고, 이후 여러 학자들이 저마다의 의견을 개진하였다.

2) 점의 내용을 기록한 卜辭와 달리, 記事刻辭는 占卜과 직접 관련이 없는 내용의 刻辭를 부르는 말이다. 이런 貢納의 기록은 甲橋(갑교)에 주로 보이고, 甲尾(갑미)나 背甲(배갑)에도 간혹 보인다.

3) 들여온 수량을 보여주는 복사는 다음과 같다. '大入一'《914反》, '我以千'《116反》. 貢納한 方國과 수량에 관해서는 柳東春(1989)참조.

肩胛骨 외에 다양한 부위가 사용되었다.

그림 1 《13758正》 코끼리 肩胛骨   **그림 2** 《13758反》 코끼리 肩胛骨

그림 3 《38758》 사람의 두개골

---

4) 코끼리 뼈가 사용된 것은 1984년 10월 金祥恒이 《大陸雜誌(대륙잡지)》
   69卷 4期에 《甲骨文中的一片象肩胛骨刻辭(갑골문중적일편상견갑골
   각사)》에서 처음 증명하였다.

그림 4 《36481正, 反》 소의 갈비뼈

거북 껍질이 貢納을 통해서 조달된 것이 대부분인 것에 비해, 짐승들의 뼈는 대부분 현지에서 기른 동물이거나 사냥으로 잡은 동물의 뼈이고, 人骨(인골)은 전쟁에서 잡은 상대국 사람의 뼈일 가능성이 크다.

4.1.3 占卜 材料의 加工

확보된 재료들 가운데 일부가 記事刻辭 용으로 사용된 것을 제외하고, 甲과 骨은 대부분 占卜의 재료로 사용되었는데, 占卜을 시행하기 위해서는 여러 단계의 과정을 거쳐야 한다.

먼저 占卜의 재료로 주로 사용된 거북 껍질과 소 肩胛骨의 가공 과정을 살펴보도록 한다. 貢納이나 자체 조달로 확보된 材料는 우선 뼈나 껍질에 붙어있는 肉質(육질)과 阿膠質(아교질) 등을 제거하고 占卜에 사용하기 적합하게 모양을 다듬는 과정을 거친다.[5]

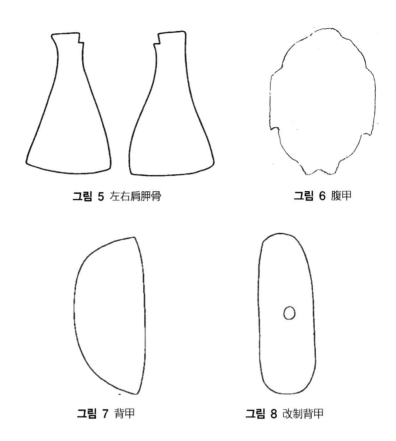

그림 5 左右肩胛骨

그림 6 腹甲

그림 7 背甲

그림 8 改制背甲

거북 껍질(龜甲, Scute)[6]은 腹甲(배껍질)과 背甲(Carapace, 등껍질)

---

5) 劉淵臨(유연임)(1984)은 甲과 骨을 가공하는데 사용한 공구는 갑과 골
   보다는 경도가 높은 것이어야 하므로, 玉(옥)이나 靑銅 재질일 것이라
   추정한다. 실제로 1929년 제3차 은허발굴에서 大龜四版과 더불어 여러
   종류의 기물과 청동칼과 같은 작은 도구들이 함께 발굴되었는데, 이런
   칼이 바로 갑골문을 새긴 도구일 가능성이 있다.
6) 아래부터는 龜甲이라 부른다.

으로 나뉘는데, 일반적으로 많이 사용하는 것은 腹甲이다. 우선 腹甲은 전체적으로 편평하게 다듬고, 背甲으로 이어지는 허리부분(甲橋)을 腹甲 쪽으로 남겨서 記事刻辭를 남길 공간을 둔다. 背甲은 세로 방향으로 반으로 나누어 가장자리 부분만 조금 다듬어 타원형을 만들거나, 아예 위아래 부분을 잘라내어 편평한 잎사귀 모양의 소위 改制背甲(개제배갑)을 만들기도 한다. 肩胛骨의 경우에는 우선 骨臼(골구)[7] 부분의 절반이나 1/3을 잘라내어 초승달 형태로 만들고, 骨臼의 돌기가 나온 쪽은 일부를 직각으로 잘라낸다. 중심부 骨扇(골선)의 양쪽 가장자리 부분의 돌출된 뼈도 잘라내어 전체적으로 편평하게 다듬는다.

 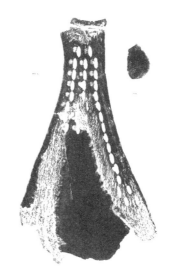

그림 9 《甲骨文合集補編》1804 그림 10 《甲骨文合集補編》1804反, 臼

---

7) 髖骨臼(관골구)라 부르기도 한다.

그림 9~13은 이미 사용하고 난 肩胛骨과 腹甲, 背甲이다.《甲骨文合集補編(갑골문합집보편)》1804편의 正面(정면)과 反面(반면)[8] 그리고 骨臼의 拓本인데, 正面의 오른쪽 윗부분 돌기 부분이 직각으로 잘린 것을 확인할 수 있다. 그리고 反面에는 鑽(찬)과 鑿(착)이 위에서 骨條(골조)를 따라 아래로 연이어 시행된 것이 보인다. 骨臼는 앞에서 말한대로 초승달 형태를 띠고 있다.《甲骨文合集》1144편은 改制背甲의 拓本이다.

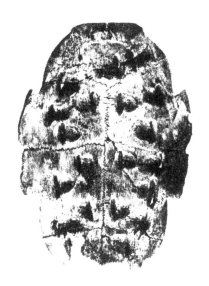 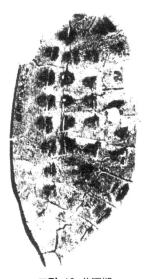

그림 11 苗圃期
腹甲_中國科學考古研究所(1987)도판

그림 12 苗圃期
背甲_中國科學考古研究所(1987)도판

---

8) 甲과 骨에서 卜兆(복조)가 나타나는 쪽을 正面이라 하고, 鑽鑿(찬착)이 있는 반대쪽을 反面이라 한다.

그림 13 苗圃期
改制背甲_中國科學考古研究所(1987)도판

그림 14 改制背甲《1144》

　위와 같은 기본적인 손질이 끝나면 후에 실제로 占卜을 행할 때 龜裂(균열)이 원하는 모양으로 나오게 하기 위하여 卜兆가 나오는 반대 면에 鑽과 鑿을 시행한다.9) 왜냐하면 거북 껍질과 소뼈는 두께가 있으므로 웬만큼 가열해서는 갈라지지 않을뿐더러, 두께가 균일하면 열이 재료 전체로 퍼져서 卜兆가 제대로 구현되지 않는다. 따라서 卜자와 같은 형태의 균열을 내야 할 면의 반대 면10)에 鑽과 鑿을

---

9) 張光直(장광직)(1987) 〈商代的巫術(상대적무술)〉《中國殷商文化國際
　　討論會論文集(중국은상문화국제토론회논문집)》에 의하면 鑽鑿을 수월
　　하게 하기 위해 다듬기가 끝난 거북 껍질과 소뼈를 특수 용액에 담아
　　부드럽게 만들었을 것이라 한다.
10) 일반적으로 거북 껍질의 안쪽과 肩胛骨의 돌출 뼈를 깎아낸 쪽에 鑽鑿

일정하게 배열하는 것이다.[11] 鑽은 바닥을 편평하게 원형으로 판 홈이고, 鑿은 鑽의 옆부분에 맞닿은 바닥이 V자 형태를 띤 대추씨 모양의 長方形(장방형) 홈이다.

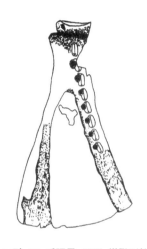

그림 15 肩胛骨 反面 鑽鑿形態

그림 16 鑽鑿平面과 斷面

鑽과 鑿이 끝나면 占卜을 위한 재료의 가공이 모두 끝나게 된다.[12]

모든 가공이 끝난 점복 재료 反面의 鑽과 鑿이 맞닿은 부분을 불로 달군 막대 모양의 열원으로 가열하면 재료의 正面에 卜자 형태의

을 행한다.

11) 신석기시대의 점복용 뼈에도 鑽鑿을 행한 것이 보이는데, 殷代처럼 섬세하고 규칙적이지는 않다.

12) 출토된 갑골을 보면, 가공을 거친 모든 갑골이 점복에 사용된 것은 아니지만, 점복에 사용된 갑골은 모두 가공을 거쳤음을 확인할 수 있다. 즉 점복을 위해서는 반드시 가공해야 함을 알 수 있는 것이다.

卜兆가 나타나게 된다. 이 卜兆를 보고 王이 占卜에 대한 판단을 내리는데, 대개는 해당 占卜에 대응하는 卜兆의 옆에 占卜과 관련된 일련의 내용을 새기는 것이다. 여기에 새겨진 글이 바로 오늘날 우리가 마주하는 甲骨文이다.

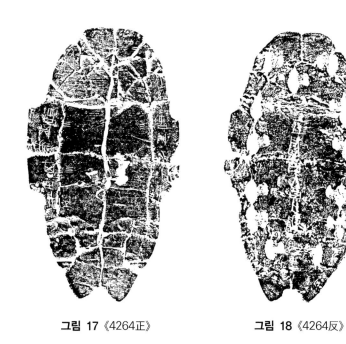

그림 17 《4264正》   그림 18 《4264反》

4.1.4 占卜前 儀式

그럼 鑽鑿이 끝나면 바로 占卜을 시행했을까? 占卜은 하늘의 의견을 물어보는 신성한 행위이기 때문에 바로 占卜을 시행할 수는 없고, 材料에 靈驗함을 부여받는 儀式(의식)을 행했을 것이다. 갑골문의 記事刻辭에 보이는 '示(시)'제사 기록과 文獻 속의 占卜과 관련된 기록이 이 추정에 대한 유력한 증거이다.

《周禮·春官(춘관)·宗伯第三(종백제삼)》에 大卜(태복), 卜師(복사), 龜人(귀인), 菙氏(수씨), 占人(점인) 등이 맡은 구체적 업무가 제시되어 있다. 이 가운데 龜人은 占卜에 대비하여 거북의 조달부터 가공, 事前祭祀(사전제사)까지의 전체 과정을 담당하는 직책이다. 다음은 《周禮·春官·宗伯第三》의 龜人에 관한 서술이다:

> 龜人掌六龜之屬.各有名物.天龜曰靈屬,地龜曰繹屬,東龜曰果屬,西龜
> 曰雷屬,南龜曰獵屬,北龜曰若屬,各以其方之色與其體辨之.凡取龜用,
> 秋時 ; 攻龜用,春時,各以其物,入於龜室.上春釁龜,祭祀先卜.若有祭事,
> 則奉龜以往.旅,亦如之.喪,亦如之.
>
> 龜人은 여섯 종류의 거북을 관장한다. 거북마다 각각의 명칭과 특징이
> 있다. 天龜(천귀)는 靈屬(영속), 地龜(지귀)는 繹屬(역속), 東龜(동귀)
> 는 果屬(과속), 西龜(서귀)는 雷屬(뇌속), 南龜(남귀)는 獵屬(렵속), 北
> 龜(북귀)는 若屬(약속)이라 하여, 각각 이런 거북들의 방향 색상과 형체
> 에 따라 구별한다. 거북을 가을에 잡고 거북 껍질은 봄에 가공하여 명칭
> 과 종류에 따라 거북 보관실에 넣는다. 봄 정월에 희생물의 피를 거북에
> 칠하고, 占卜을 시행하기 전에 먼저 제사를 지낸다. 만약 제사 지낼
> 일이 있으면 거북을 가지고 가는데, 여행을 떠날 때도 이처럼 하고,
> 喪事(상사)가 있을 때도 이처럼 한다.

비록 周代의 일을 기록하였지만, 商代에도 이와 유사하게 점복 재료를 관리했을 것이다.

이어 나오는 기록을 보면, 菙氏는 불을 담당하였고, 占人은 실제 占卜과정을 담당하였다.[13)

《史記·龜策列傳(귀책열전)》[14]에도 거북점에 관한 내용이 나온다:

神龜出於江水中,廬江郡常歲時生龜長尺二寸者二十枚輸太卜官,太卜
官因以吉日剔取其腹下甲.龜千歲乃滿尺二寸.王者發軍行將,必鑽龜
廟堂之上,以決吉凶.今高廟中有龜室,藏內以爲神寶.

신령스러운 거북은 민물에서 나오는데, 여강군에서는 세시 무렵에 늘
길이가 1척 2촌 되는 산 거북 20마리를 태복관에게 공납한다. 태복관은
길일을 택해서 거북을 잡고 배 껍질을 발라낸다. 거북은 천년을 자라야
1척 2촌이 된다. 왕이 군대를 일으킬 때는 반드시 묘당에서 거북점을
쳐서 길흉을 알아봐야 한다. 지금 高廟(고묘)에 거북 수장실이 있는데,
안에 수장한 것을 신령스런 보물로 여긴다.

文獻을 근거로 하여 占卜用 거북 껍질의 준비과정을 대략적으로
정리해 보면 다음과 같다. 가을에 거북을 잡아서 水槽(수조)에서 키우
고 있다가 이듬해 봄에 점복용으로 사용할 거북을 고른 후, 희생물의
피를 발라 흔례(釁禮)를 지낸다. 이때 길일을 택해 거북을 제단에 올
리고 다른 희생물을 갖추어 제사를 지내는 것이다. 釁禮가 끝나면
거북을 죽여서 내장과 살을 발라낸 후, 껍질은 등과 배로 나누어 가르
고 평평하게 다듬은 후에 표면을 깨끗이 가공한다. 가공한 껍질은
占卜을 행하기 전에 鑽과 鑿을 시행하여 보관하고, 실제 占卜을 행할

---

13) 《周禮·春官宗伯第三》에 "菙氏掌共燋契,以待卜事." "占人掌占龜." 구
절이 보인다.
14) 《禮記·曲禮上》에 "龜爲卜,策爲筮"라고 한 것처럼 龜策은 후대의 卜筮
(복서)를 가리키며, 龜策列傳은 司馬遷(사마천)이 쓴 것이 서론 부분만
남아있던 것을 褚少孫(저소손)이 보충을 한 것으로 전해진다.

때는 鑽과 鑿이 맞닿은 부분을 가열한다. 열원이 충분히 전달되면, 가열한 거북 껍질의 반대 면에 균열이 생긴다. 이 균열이 卜자의 모양으로 나타나서 字形이 되고, 균열이 생길 때 나는 '복'이라는 소리가 字音이 되며 이런 행위가 '점치다'는 字義가 되는 것이다. 이와 같은 占卜의 과정 속에서 우리는 文字의 삼요소인 形, 音, 義가 어떻게 형성되는지를 생생하게 살펴볼 수 있다.

위에서 본 것과 같이 점복의 재료는 구하기도 쉽지 않고, 또 가공, 제사 등 여러 과정을 거쳐야 한다. 따라서 앞의 鑽鑿 그림에서 볼 수 있듯이, 한 재료에 여러 번 점복을 시행하는 것이 일반적이다. 이러한 상황은 《莊子·外物篇》의 '72개의 찬을 만들어 남는 공간이 없을 정도로 알뜰하게 사용했다'는 기록에서도 확인할 수 있다.[15)]

---

15) 宋元君夜半而夢人被髮闚阿門,曰 : "予自宰路之淵,予為清江使河伯之所,漁者余且得予."元君覺,使人占之,曰 : "此神龜也."君曰 : "漁者有余且乎？"左右曰 : "有."君曰 : "令余且會朝."明日,余且朝.君曰 : "漁何得？"對曰 : "且之網,得白龜焉,其圓五尺."君曰 : "獻若之龜."龜至,君再欲殺之,再欲活之,心疑,卜之,曰 : "殺龜以卜,吉."乃刳龜,七十二鑽而無遺筴.

05

甲骨의 時期區分

지금까지 발견되거나 발굴, 수집된 갑골 편수는 대략 십만여 개가
되고, 갑골문 單字(단자)의 수가 약 5,000字이며 이미 해석이 된 글자
도 1,500字가량이나 되는 귀중한 일차자료이다. 그런데 이 자료를 제
대로 이용하려면 史料的 가치성을 부여해야 할 것이다. 사실 갑골문
이 처음 발견된 직후부터 학자들이 그 시기가 어디에 해당하는지에
관심을 두었다. 殷代는 중국 역사에서 商나라 湯王(탕왕)의 9대 孫인
盤庚(반경)이 紀元前(기원전) 14세기에 殷지역으로 遷都(천도)한 이
후부터 紂(주)가 牧野之戰(목야지전)에서 周나라 武王에게 패한 紀
元前1046년[1]까지 8代 12王의 在位其間(재위기간)을 商代에서 분리
하여 부르는 시기[2]인데, 막연히 甲骨이 殷代 후기의 것이라는 것을
알게 된 후에도 구체적으로 殷의 어느 王 때의 것인지로 학자들의
관심이 확장되었다. 王國維는 《後上19.14》, 《後上7.7》, 《後上7.9》 세
편의 갑골을 《世本》, 《史記·殷本紀》에 실린 商代의 世系(세계)와 비
교하여 문헌의 신빙성을 증명하였고, 또 《後上25.9》는 복사 속 呼稱
(호칭) 관계에 근거하여 武丁 시기의 갑골이라고 정확하게 고증하였
다. 이후 캐나다 학자인 明義士는 呼稱뿐만 아니라, 갑골문의 字體(자
체)와 書體(서체)도 시기를 구분하는 자료로 추가하였지만, 당시에는
甲骨 자료가 많지 않아 큰 영향력을 발휘하지 못하였다.

---

1) 1996년 夏商周斷代工程(하상주단대공정)의 〈武王克商之年研究(무왕
극상지년연구)〉에서 《尙書(상서)》, 《史記》, 《逸周書(일주서)》등과 1976
년 西安(서안)에서 출토된 利簋(리궤)의 銘文(명문)에 근거하여 武王이
商을 멸망시킨 牧野之戰의 시기를 BC1046년으로 확정하였다.
2) 《尙書·無逸(무일)》]과 古本《竹書紀年》에 근거하면 상왕 盤庚이 奄(엄,
지금의 山東省 曲阜)에서 殷으로 천도한 BC1320년부터 275년간의 기
록이다.

5.1 初期研究

본격적으로 갑골문의 時期를 과학적으로 구분한 것은 1928년 은허의 과학적 발굴이 시작된 이후이다. 이때부터 갑골마다 정확한 발굴 정보가 수반되면서 時期 구분도 정확성을 담보할 수 있게 되었다.

5.1.1 董作賓

과학적 발굴을 통해 수집된 갑골들이 쌓이면서 董作賓이 1933년 《甲骨文斷代研究例》를 통해 '十項標準'과 '五期分期法'을 제시하여 과학적인 갑골문 時期 구분의 시대를 열었다. 그가 제시한 열 개의 표준은 다음과 같다.

1. 世系 2. 稱謂 3. 貞人 4. 坑位 5. 方國 6. 人物 7. 事類 8. 文法 9. 字形 10. 書體

이 가운데 商王(상왕)의 系譜(계보)를 말하는 世系와 점복을 시행할 때의 왕이 자신의 친족을 부르는 호칭인 稱謂(칭위), 실제 점복을 시행하는 관리의 명칭인 貞人(정인) 세 가지 표준을 갑골문 時期 구분의 가장 기본적인 첫째 표준으로 삼았다. 나머지 항목은 첫째 표준이 부족할 경우에 보조적으로 활용할 수 있는 항목으로 사용한다고 하였다. 董作賓은 전체 갑골을 이 열 가지 표준을 근거로 분석하여 五期로 나누었다. 그가 제시한 五期는 다음과 같다.

第一期	盤庚, 陽甲, 小辛, 小乙; 武丁	二世四王
第二期	祖庚, 祖甲	一世二王
第三期	廩辛, 康丁	一世二王
第四期	武乙, 文丁	二世二王
第五期	帝乙, 帝辛	二世二王

5.1.2 胡厚宣, 陳夢家

董作賓에 이어 胡厚宣과 陳夢家도 갑골문 時期 구분에 관하여 연구를 진행하였다.

胡厚宣은《甲骨六錄》이후의 저서에서 갑골 摹寫本과 拓本을 時期 구분하여 수록하였는데, 다음의 四期로 나누었다.

第一期	盤庚, 小辛, 小乙, 武丁時期
第二期	祖庚, 祖甲時期
第三期	廩辛, 康丁, 武乙, 文丁時期
第四期	帝乙, 帝辛時期

胡厚宣은 董作賓의 다섯 개 시기 가운데, 第三期와 第四期의 갑골이 구분하기가 쉽지 않아서 할 수 없이 이 둘을 통합한 것이다. 따라서 《甲骨文合集》을 편찬할 때는 다시 董作賓의 五期分期法을 따랐다.

陳夢家는《殷虛卜辭綜述》에서 董作賓의 '十項標準'과 '五期分期法'을 수정하여 '時期 구분의 3개 표준'과 '九期分期說'을 제시하였다.

첫째 표준은 董作賓이 기본으로 제시한 世系, 稱謂, 貞人이고, 둘째 표준은 字體, 詞匯(사회), 文例이다. 마지막 셋째 표준은 갑골문을 그 속의 내용에 따라 나눈 祭祀, 天象(천상), 年成(연성), 征伐(정벌), 王事(왕사), 卜旬(복순) 6종류이다. 이런 표준에 근거하여 갑골문을 다음의 九期로 나누었다.

一	武丁卜辭		1	一世	早期
二	庚,甲卜辭	祖庚卜辭	2	二世	
		祖甲卜辭	3		
三	廩,康卜辭	廩辛卜辭	4	三世	
		康丁卜辭	5		中期
四	武,文卜辭	武乙卜辭	6	四世	
		文丁卜辭	7	五世	
五	乙,辛卜辭	帝乙卜辭	8	六世	晚期
		帝辛卜辭	9	七世	

陳夢家의 九期分期法도 사실 董作賓의 五期分期法을 조금 더 세분한 것에 불과하다. 그리고 앞의 세 가지 표준도 董作賓 것과 그리 큰 차이가 보이지 않는 것을 알 수 있다. 陳夢家의 갑골문 분기 연구에서 주목할만한 것은 董作賓이 당초 文武丁卜辭(문무정복사)라고 분류한 卜辭들을 自組 子組, 午組로 세분하여 연구한 점이다. 이러한 貞人組(정인조)를 세분하는 연구는 이후 卜辭의 分類나 時期 구분 연구에 기여한 바가 매우 크다.

5.2 後期研究

董作賓 이래로 큰 변화가 없던 갑골문의 時期 구분은 1976년 婦好墓(부호묘)가 발굴되면서 큰 전기를 맞게 된다. 전통적으로 第四期로 분류하였던 '歷組卜辭'에 대하여 李學勤이 〈論'婦好'墓的年代及有關問題(논'부호묘'적연대급유관문제)〉[3]라는 글에서 歷組卜辭는 文字, 文例, 人物 등으로 볼 때, 武丁 말년에서 祖庚(조경) 시기까지의

복사로 보아야 한다고 하였다. 이후에 학술계에서는 이에 대한 논쟁이
시작되어 裴錫圭[4], 林澐(임운) 등은 李學勤의 설을 지지하고, 肖楠
(소남)[5], 陳煒湛(진위담)[6] 등은 武乙, 文丁 時期라는 견해를 내고
있다. 아직 이 논쟁은 의견의 일치를 이끌어내지 못하였지만, 갑골문
時期 구분에 관한 연구를 한층 발전시켰다. 歷組卜辭의 시기를 앞으
로 당겨야 한다는 설을 지지하는 학자들은 갑골문을 두 계열로 나누어
서 보아야 한다는 '兩系說'을 구축하였고, 반대의 입장을 가진 학자들
은 武乙, 文丁卜辭를 더욱 상세히 분류해내는 성과를 이루었다.

5.2.1 李學勤, 黃天樹

'兩系說'은 1978년에 李學勤이 처음 제기한 견해로 殷墟 甲骨을
賓組에서 시작하여 出組, 何組, 黃組에 이르는 계열과 自組에서 시작
하여 歷組, 無名組에 이르는 계열 둘로 나누어야 한다는 것이다. 여기
에서 아마도 自組는 두 계열의 공통 기원이고, 黃組는 두 계열이 마지
막으로 모이는 것이라 하였다. 그리고 甲骨을 王의 朝代(조대)에 따라
분류하지 않고, 字體의 특성에 근거하여 組를 나누고 대표적 貞人의
이름으로 組名으로 삼았다. 뿐만 아니라, 각 組別 갑골을 王이 중심이
되어 占卜하는 王卜辭와 王이 중심이 아닌 非王卜辭로 나누었다.

---

3) 《文物》 1977年 第11期에 수록.
4) 〈論'歷組卜辭'的年代〉《古文字研究》第6輯 中華書局 1981.
5) 〈論武乙文丁卜辭〉《古文字研究》第3輯 中華書局 1980.
6) 〈'歷組卜辭'的討論與甲骨文斷代研究〉《出土文獻研究》 文物出版社
1985.

다음은 李學勤이 〈小屯南地甲骨與甲骨分期(소둔남지갑골여갑골분기)〉[7]에서 殷墟甲骨을 九組로 나눈 것을 董作賓, 陳夢家의 분류와 비교한 것이다.

卜人名組對照表		
李學勤	董作賓	陳夢家
賓組	一期	賓組, 武丁卜辭
自組	四期 文武丁卜辭	自組, 武丁晚期
子組		子組
𠂤組		午組
出組	二期	出組, 庚甲卜辭
歷組	四期	文丁卜辭
無名組	三期	康丁卜辭
何組		何組, 廩辛卜辭
黃組	五期	乙辛卜辭

李學勤은 字體가 갑골 分類의 유일한 표준이므로 이에 따라 組를 분류한 후, 組별 卜辭의 내용이 가지는 특징을 귀납하고 다시 이 특징을 근거로 다른 갑골을 歸屬(귀속)하는 증거로 삼아야 한다고 하였다. 兩系説은 이후에 黃天樹[8], 彭裕商(팽유상)의 수정과 보완을 거쳐서, 李學勤과 彭裕商이 《殷墟甲骨分期研究(은허갑골분기연구)》에서 최종적으로 村南(촌남)과 村北(촌북)의 두 계열로 나누어 다음의 貞人組(정인조)별 발전과정을 그려냈다.

```
(村北) 自組  →  自賓間組  →  賓組  →  出組  →  何組  →  黃組
                                                        ↑
(村南)      ↳  自歷間組  →  歷組  →  無名組  →  無名黃間組  ┘
```

7)《文物》1981年 第5期에 수록.
8)《殷墟王卜辭的分類與斷代》臺北 文津出版社 1991.

5.2.2 肖楠, 方述鑫

'歷組卜辭'가 武乙, 文丁시기에 속한다는 주장은 肖楠이 1980년 〈論武乙文丁卜辭(논무을문정복사)〉에서 第四期卜辭를 다시 구분하는 문제를 상세히 고찰하면서 구체화되었다. 그는 小屯南地 출토 갑골을 세 종류로 나누고 地層(지층)관계와 갑골상의 稱謂, 字體, 事類 등을 근거로 하여 제1류 복사는 康丁시기로, 제2류 복사는 武乙시기로, 제3류 복사는 文丁시기로 보아야 한다고 하였다. 1992년 方述鑫 (방술흠)이 《殷墟卜辭斷代研究(은허복사단대연구)》에서 전통적인 분기법을 총괄하며 '歷組卜辭'와 武乙, 文丁卜辭의 문제를 전문적으로 다루었다. 그는 肖楠의 분류를 더 세분화하였는데, 字體 등의 특징에 근거하여 武乙卜辭를 3종 유형으로 나누었고, 文丁卜辭는 6종 유형으로 나누었다. 그리고 각종 卜辭의 전형적인 字體를 귀납하여 도표화하고 字體의 변화과정을 정리하였다. 결론적으로 그는 '歷組卜辭'가 거의 모두 小屯村의 가운데와 남쪽에서 출토되었으며 村北에서 출토된 극소량도 初期地層에서 결코 발견되지는 않았다는 지층적 증거와 이 卜辭의 내용과 형식 등을 고찰해 보면 武乙, 文丁 시기의 것임이 분명하다고 하였다.

5.2.3 楊郁彦

2005년 楊郁彦(양욱언)이 그 동안의 갑골문 분기 연구를 총괄하여 《甲骨文合集分組分類總表(갑골문합집분조분류총표)》를 발간하였는데, 兩系說을 기반으로 한 黃天樹의 《殷墟王卜辭之分類與斷代》, 李學勤·彭裕商의 《殷墟甲骨分期研究》의 '貞人으로 組를 나누고'

'字體로 類를 나눈' 방식과 성과를 참고하여 작성하였다. 위의 두 책은 《甲骨文合集》의 일부분만을 대상으로 하였지만, 楊郁彥 전체를 대상으로 하여 貞人組 내에서도 字形構造(자형구조)와 書體風格(서체풍격)과 用字習慣(용자습관)의 차이를 고려하여 다시 더 분류하였다. 뿐만 아니라, 전통적 五分期說의 입장을 가진 方述鑫의 《殷墟卜辭斷代研究》에서 제시한 非王卜辭, 自組, 歷組 등에 대한 시기구분도 반영하여, 지금까지의 연구성과를 집대성하였다고 볼 수 있다. 전체 분류를 보면 賓組, 出組, 何組를 너무 세분한 李學勤, 彭裕商의 분류보다 黃天樹의 분류를 근간으로 하였으며, 非王卜辭에서는 方述鑫의 분류를 따라 亞組(아조)와 婦女類(부녀류)를 추가하였다. 楊郁彥이 分組分類한 최종 항목은 다음과 같다.

王卜辭	自組肥筆類	王卜辭	何組二類
	自組小字類		歷一類
	自賓間A		歷二類
	自賓間B		歷草體類
	自歷間A		歷無名類
	自歷間B		無名類
	屮類		無名黃間類
	賓組帚類		黃類
	賓組一類		
	典賓類	非王卜辭	子組
	賓組三類		午組
	出組一類		亞組
	出組二類		圓體類
	何組事何類		劣體類
	何組一類		婦女類

06

記事刻辭와 卜辭

갑골문은 그 용도에 따라 卜辭와 記事刻辭로 나눈다. 卜辭는 占卜을 시행하고 난 후 점복과 관련된 일련의 사항을 기록한 것으로 지금 전하는 갑골문의 대부분을 차지한다. 記事刻辭는 占卜과 직접적인 관련이 없는 갑골문의 총칭이다.

6.1 記事刻辭

記事刻辭는 기록한 특징에 따라 다시 크게 두 가지로 나눌 수 있다.
점복 재료의 조달과 가공 후의 제례 의식 등을 재료의 특정 부위에 기록한 것과 모종의 참고자료로 사용하거나 記憶(기억)을 위하여 새긴 각사이다.

6.1.1 五種刻辭

첫째 부류의 각사는 주로 거북 껍질과 소 肩胛骨의 특정한 위치에 출현하므로 그 위치에 따라 다시 아래와 같이 나눌 수 있다.

6.1.1.1 甲橋刻辭

腹甲의 좌우 양 측면의 甲橋에 위치한 기록인데 오른편은 주로 '入', '來', '以'등의 공납을 나타내는 동사를 써서 거북 껍질의 출처를 표시하고, 왼편은 주로 '示'제사의 거행 상황을 기록하였다.

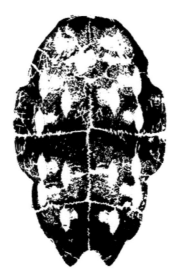

그림 1 《116反》甲橋刻辭

右橋: 我以千.

我가 천 개를 바치다.

左橋: 帚(婦)井示卅. 爭. 《116反》[1]

婦井이 삼십 개를 대상으로 示제사를 지내다. 爭이 기록하다.

6.1.1.2 甲尾刻辭

腹甲 정면의 꼬리 부분에 표시되어있는데, '入'을 써서 貢納을 기록
하였다.

---

1) 《 》속에 숫자만 있는 것은 모두 《甲骨文合集》의 갑골편 번호를 가리킨
다. 反(반)은 反面(반면)이라는 의미이다.

그림 2 《9356》甲尾刻辭

右尾: 冊入.《9356》

冊이 貢納하다.

6.1.1.3 背甲刻辭

背甲 反面의 가장자리에 표시되어있는데, '入'등을 써서 貢納을
기록하였다.

그림 3 《9274反》背甲刻辭

鳳入三. 帚(婦)示. 㱿.《9274反》

鳳이 세 개를 貢納하였다. 婦가 시제사를 지내다. 㱿이 기록하다.

6.1.1.4 骨臼刻辭

소 肩胛骨의 骨臼 부분에 표시된 것으로 '示'제사의 거행 상황을 기록하였다.

그림 4 《7287臼》 骨臼刻辭

帚(婦)羊示十屯. 爭.《7287臼》

婦羊이 10屯[2]을 示제사 지내다. 爭이 기록하다.

6.1.1.5 骨面刻辭

소 肩胛骨의 아래쪽 편평한 骨面 부분에 표시되어있는데, '示'나 '乞' 등을 써서 공납이나 '示'제사 거행 상황을 기록하였다.

---

2) 갑골에서 屯은 左右 背甲 한 벌이나 左右 肩胛骨 한 벌을 나타내는 단위이다.

그림 5 《23680反》 骨面刻辭

戊子羽示… 《23680反》

무자일에 羽가 示제사를 지내…

6.1.2 기타 記事刻辭

둘째 부류는 흔히 쓰이지 않는 재료들인 人骨(인골), 鹿頭骨(녹두
골), 虎骨(호골), 兕骨(시골), 牛距骨(우거골)3) 등에 주로 기록된 것들
로 占卜과는 관련 없이 전쟁이나 사냥 등에서 얻은 성과물에 관련
내용을 기록한 것이다. 물론 60개의 干支를 모두 새긴 干支表와
《14294》처럼 소 肩胛骨에 새겨진 記事刻辭도 있다. 아래에서 이

────────────────

3) 소의 복사뼈(astragalus).

각사들을 살펴보자.

6.1.2.1 鹿頭刻辭

그림 6 鹿頭刻辭《36534》

戊戌, 王蒿田…文武丁升…王來正(征)…《36534》
무술일에 王이 蒿지역의 사냥…文武丁에게 升제사…王이 와서 정벌…

이 사슴 두개골은 1931년 殷墟제4차發掘 때 小屯村北에서 출토된
것으로 현재 대만의 中央硏究院 歷史語言硏究所에 수장되어 있다.
刻辭에 끊어진 부분이 많지만, 남겨진 몇 개의 글자로 보아 商王이
전쟁하러 가는 중에 蒿 지역에서 사냥으로 이 사슴을 잡았기에 이를
기념하여 새긴 것 같다.

6.1.2.2 干支表

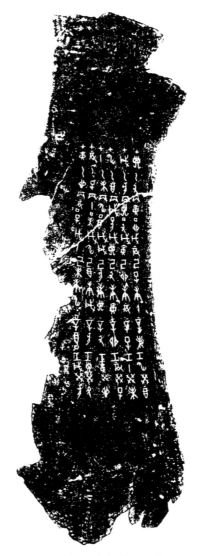

그림 7 干支表《37986》

이 干支表는 소 肩胛骨에 위에서 아래 방향으로 여섯 줄로 六甲(육갑)을 정연하게 새긴 것으로 현재 北京大學에 수장되어 있다. 각사의 능숙한 칼자국으로 보아 숙련된 장인이 새긴 것인데, 처음 배우는 사람들에게 교육용이나 평시의 참고용으로 만든 것 같다. 갑골문의 글자체는 殷代 말인 제5기 黃組복사의 전형적인 특징을 보여주고 있다.

6.1.2.3 四方風 刻辭

그림 8《14294》1典賓 소 肩胛骨
記事刻辭

東方曰析, 風曰劦(協).
東方의 神은 이름이 析이며, 東風의 神은 이름이 劦이다.

南方曰𤇾(因), 風曰岜.

南方의 神은 이름이 因이며, 南風의 神은 이름이 凱이다.

西方曰彝(夷), 風曰𠂤.

西方의 神은 이름이 夷이며, 西風의 神은 이름이 𠂤이다.

北方曰勹, 風曰伇. 《14294》

北方의 神은 이름이 勹이며, 北風의 神은 이름이 洌이다.

이 각사는 四方의 神과 四方 바람의 神 이름을 기록한 각사이다.
이 각사의 기록이 《山海經》, 《尙書·堯典》, 《詩經》, 《爾雅》 등 문헌과
상당 부분 일치하는 당시 자연에 대한 지식을 보여주는 중요한 자료로
서 현재 중국국가도서관에 수장되어 있다. 이 각사를 통해서 당시
사람들이 사방 개념을 이미 확립하였고 방위별 바람의 변화 현상을
상세히 파악하여 각각 차별적 명칭을 부여하였으며, 사방의 순서 또한
東南西北 순으로 이미 고정되어 있었음을 알 수 있다.

1944년에 胡厚宣이 《甲骨文四方風名考(갑골문사방풍명고)》[4]에
서 처음 이 복사와 문헌과의 대조 연구를 하였고, 이후 여러 학자들이
이 각사를 문헌과 비교하여 각사에 출현하는 명칭들이 대체적으로
역사적 근거가 있는 내용임을 밝혔다.

다음은 陳夢家가 《尙書·堯典》, 《山海經(산해경)》의 해당 부분 내용
을 갑골문과 비교한 것이다.[5]

---

4) 胡厚宣(1972:369-381) 참조.

5) 陳夢家(1956:590) 참조.

《尚書·堯典》	《山海經》	갑골문	비고
厥民析	東方曰折	東方曰析	析과 折은 形近
厥民因	南方曰因	南方曰屵	陳夢家가 ‘𣦵(因)’을 屵로 착각
厥民彝	西方曰石夷	西方曰彝(夷)	彝와 夷는 通假
厥民隩	北方曰宛	北方曰元	《說文》 “奧,宛也”

6.2 卜辭

갑골문의 대부분을 차지하는 卜辭는 완전한 형태를 갖출 경우, 일반적으로 네 부분으로 구성된다. 이 네 부분은 각각 前辭(전사), 命辭(명사), 囸辭(점사), 驗辭(험사)라 한다.

6.2.1. 前辭

前辭는 敘辭(서사) 또는 述辭(술사)라고도 부르며 점을 치는 시기(干支名)와 점을 주관하는 정인(貞人名)을 나타내는 부분인데, 때로는 점을 치는 장소(地名)가 나타나기도 한다. 일반적으로 보이는 형식은 ‘干支卜, 某(貞人名)貞:’, ‘干支卜, 某(貞人名)在某(地名)貞:’, ‘干支卜’, ‘干支, 貞:’으로 占卜을 시행하는 날짜인 干支를 제외하고는 모두 생략이 가능하다.

그림 9 《5354》

辛未卜, 賓貞: 王屮(有)不正(足).
신미일에 점쳐 賓이 묻는다: 왕에게 부족함이 있다.
貞: 王亡不正(足). 《5354》
묻는다: 왕에게 부족함이 없다.

　이 복사는 당시 王인 武丁에게 농업에 필요한 비(雨)와 같은 사안
이 부족할지를 긍정과 부정의 형식으로 점복하는 내용이다. 첫째 복사

에서 '辛未卜, 賓貞:'이 前辭에 해당하며, '辛未'는 점복을 시행한 날짜이고, '賓'은 武丁시기의 貞人의 이름으로 이 점복을 진행한 사람이다. 둘째 복사는 前辭에 해당하는 것이 '貞'자 하나인데, 동시에 행한 점복이므로 앞에서 이미 언급한 날짜와 貞人은 모두 생략하였다. 이 복사에서 正은 '충분하다'는 의미의 足으로 쓰였다.

그림 10 《33417》

戊申貞: 王往田, 亡 ꗦ (災).

무신일에 점친다: 왕이 사냥을 나가는데, 재앙이 없다.

不雨

비가 오지 않는다

其雨

비가 온다.

辛酉貞: 王往田, 亡𢦔(災).

신유일에 점친다: 왕이 사냥을 나가는데, 재앙이 없다.

不[雨]

비가 오지 않는다.

壬辰貞: 王往田, 亡𢦔(災).

임진일에 점친다: 왕이 사냥을 나가는데, 재앙이 없다.

[不]雨.《33417》

비가 오지 않는다.

이 肩胛骨에서는 두 가지 事案(사안)을 占卜하고 있다. 첫째, 넷째, 여섯째 복사는 날짜를 바꿔가며 王이 사냥을 나가는데 재앙이 있을지 없을지를 占卜하였는데, '干支貞'형태의 前辭를 기록하고 있다. 둘째, 셋째, 다섯째 복사는 긍정과 부정의 형식으로 비가 올지 안 올지를 점복하였는데, 전사 부분이 없다.

6.2.2 命辭

命辭는 貞辭(정사)라고도 부르며 占卜에서 질의하려는 내용을 기술하는 것이다.[6] 前辭의 마지막 글자인 '貞'자의 뒤에 나오는 구절인데, 占卜을 시행하는 사람이 신령에게 해답을 구하고자하는 내용이다.

따라서 卜辭에서 가장 핵심이 되는 부분이라 할 수 있다.

그림 11 《2530正》

乙卯卜, 永貞: 隹(唯)母丙毀.

을묘일에 점쳐 永이 묻는다: 母丙께서 해코지를 한다.

貞: 不隹(唯)母丙毀.

묻는다: 母丙께서 해코지하지 않는다.

貞: 母丙允㞢(有)蠱.

묻는다: 母丙께서 정말로 재앙을 내린다.

---

6) 명사가 의문문이냐 평서문이냐에 대해서는 아직도 논란이 그치지 않고 있는데, 본문에서는 잠정적으로 평서문으로 번역하였다.

貞: 母丙亡蠱.《2530正》

묻는다: 母丙께서 재앙을 내리지 않는다.

이 腹甲에서 첫째 卜辭에는 前辭가 '乙卯卜, 永貞'로 시간과 貞人
이 모두 나왔지만, 나머지 복사에서는 생략하고 '貞'만 남겼다. 어머니
항렬의 조상인 母丙이 당시 왕에게 나쁜 영향을 미칠 것인지를 점복
하는 내용으로 卜辭의 命辭를 긍정형과 부정형으로 대비시켰다. 첫째
와 둘째 복사에서는 命辭가 '隹(唯)母丙毀'과 '不隹(唯)母丙毀'이며,
셋째와 넷째 복사에서는 命辭가 '母丙允虫(有)蠱'와 '母丙亡蠱.'이
다. 앞의 쌍은 '隹(唯)'와 '不隹(唯)'로 뒤의 쌍은 '虫(有)'와 '亡'이
짝을 이룬다.

《甲骨文合集》에 수록된 복사를 보면, 命辭에서 포괄하는 내용은
날씨, 戰爭, 收穫(수확), 사냥, 열흘간의 安危(안위), 疾病(질병), 建築
(건축), 犧牲品(희생품), 祭祀對象(제사대상), 出産(출산) 등 생활의
모든 영역이라서 문장이 다양하게 출현한다. 따라서 命辭에서 질의하
려는 내용이 많거나 까다로운 경우에는 문장 또한 구조가 복잡해진다.
이런 이유로 命辭가 때로는 단순한 하나의 문장이 아니라, 여러 내용
의 문장이 포함된 형태로 나타나는 경우가 있다. 이에 張玉金(장옥금)
은 각 문장이 나타내는 내용의 성격에 따라 命辭를 時間背景文(시간
배경문), 主體動作文(주체동작문), 吉凶文(길흉문)[7] 세 개의 부분으
로 구분하였다.

다음 卜辭는 이 세 가지 성격의 문장이 모두 보이는 命辭이다.

---

7) 吉凶文은 客體變化文(객체변화문)의 형식으로 출현하기도 한다.

그림 12 27396

其侑父己, 惠莫酒, 王受又(祐). 《27396》
父己에게 侑제사를 지낼 때, 술을 바치지 않아도, 왕이 (하늘의) 도움을
받는다.

이 卜辭는 술을 바칠지 말지에 대하여 占卜하는 내용이다. 조각의
형태라서 이 복사 전후의 복사 내용을 확인할 수 없지만, 이 복사에서
는 前辭가 없이 命辭만 출현한다. 전체 命辭는 세 부분으로 나눌
수 있다. '其侑父己'는 時間背景文으로 점복을 행하는 전체적 시간
배경을 나타낸다. '惠莫酒(혜막주)'는 主體動作文인데 주어가 행하는
구체적 행위를 나타낸다. '王受祐'는 吉凶文으로서 점복을 통해서 최
종적으로 알아보고자 하는 내용이다.
吉凶文은 客體變化文(객체변화문)의 형식으로 출현하기도 한다.

다음 卜辭를 보자.

그림 13 《6771》

　　貞: 方其殺我史.
　　묻는다: 方이 우리 史를 죽인다.
　　貞: 方弗殺我史.《6771》
　　묻는다: 方이 우리 史를 죽이지 않는다.

　　이 복사는 腹甲의 甲橋 부위 옆에서 千里路(천리로)8)를 중심으로
하여 대칭으로 배치되었다. 오른쪽 卜辭는 긍정형식이고 왼쪽 卜辭는

---

8) 千里路는 腹甲의 左右를 가르는 중심선을 가리킨다.

부정 형식이다. 긍정 형식의 卜辭를 보면, 命辭가 '方其殺我史'인데, '方'이 客體(개책)인 '我史'를 '殺'하여 變化(변화)시키는 내용을 담고 있는 客體變化文이다.

命辭는 또 그 묻는 형식에 따라 다음의 두 가지 유형으로 나눌 수 있다.

6.2.2.1 選貞

選貞(선정)은 命辭에서 여러 가지 경우를 일일이 제시하고, 이 가운데 하나를 選定(선정)하게 되는 占卜을 가리킨다. 아래의 卜辭는 그 예이다.

그림 14 《12870B》   **그림 15** 《12870A》

癸卯卜,今日雨.

계묘일에 점친다: 오늘 비가 온다.

其自西來雨.

서쪽에서부터 비가 올 것이다.

其自東來雨.

동쪽에서부터 비가 올 것이다.

其自北來雨.《12870A》

북쪽에서부터 비가 올 것이다.

其自南來雨.《12870B》

남쪽에서부터 비가 올 것이다.

위의 卜辭는 비가 오는데 어느 방향에서 오는지를 점치는 내용이다. 처음에 총괄적으로 오늘 비가 오는지를 占치고, 이어서 西, 東, 北, 南쪽9)을 각각 占卜하여 도대체 어느 방향에서 오는지를 알아보려는 것이다. 이와 같이 각각의 경우를 하나씩 점복하는 卜辭를 選貞卜辭라고 한다.

6.2.2.2 對貞

對貞(대정)은 두 개의 복사의 명사가 긍정과 부정으로 서로 대구를 이루는 占卜이다.

---

9) 《12870B》는 내용상 《12870A》와 연결되는 복사이다.

그림 16 《6482正》

辛酉卜,穀貞:今者王比望乘伐下危,受㞢(有)又(祐).

신유일에 점쳐 穀이 묻는다: 지금 왕께서 望乘과 함께 下危를 정벌한다. (하늘의)도움을 받는다.

辛酉卜,穀貞:今者王勿比望乘伐下危,弗其受㞢(有)又(祐).《6482正》

신유일에 점쳐 穀이 묻는다: 지금 왕께서 望乘과 함께 下危를 정벌하지 않는다. (하늘의)도움을 받지 못한다.

위의 두 구절은 하나의 腹甲에 千里路를 중심으로 좌우에 새겨진 卜辭이다. 오른쪽 卜辭는 命辭에 부정사 없이 긍정형 문장을 사용했고, 왼쪽 卜辭는 命辭 속 두 문장 속에 각각 부정사를 하나씩 사용하여 부정형 문장을 사용하였다.[10]

---

10) 긍정형 문장을 正問, 부정형 문장을 反問이라 한다.

6.2.3 占辭

占辭는 商王이나 점친 사람이 命辭에서 밝히고 있는 내용의 占卜을 시행한 후에 갈라진 모양(卜兆)을 보고 이 점괘에 대해 내린 판정을 기록한 것이다. 일반적으로 '王占曰: 吉', '某占曰:吉'의 형태로 나오고, 드물지만 '王占曰:'뒤에 좋지 않은 판단 내용이 나오기도 한다.

그림 17《37621》

乙亥王卜, 貞: 田桳, 往來亡災, 王固曰: 吉

을해일에 왕이 점쳐 묻는다: 桳지역에서 사냥을 하는데, 오고 가는 동안 재앙이 없다. 왕이 복조를 보고 판단하길: 길하다.

이 복사는 날짜와 지역을 바꿔가면서 사냥하러 가고 오는 길에 재앙이 없는지를 占卜하는 내용이다. 王이 직접 占卜을 시행하고 판단을 내렸다. 前辭는 '乙亥王卜, 貞:'이고, 命辭는 '田桳, 往來亡災'이며, 固辭는 '王固曰: 吉'로 일반적으로 많이 보이는 형태로 간단하게 '吉'이란 판단하였다.

그림 18 《454》

辛未卜, 殼貞: 帚(婦)妟娩嘉. 王固曰: 其隹(唯)庚娩嘉.三月.庚戌娩 嘉.
《454》

신미일에 점쳐 각이 묻는다: 婦妟가 분만하는데 좋은 결과를 얻는다.
왕이 복조를 보고 판단 내리길: 庚일(庚자가 들어간 날)에 분만하면
좋은 결과를 얻을 것이다. 점복을 시행한 시간은 삼월이다. (과연) 경술
일에 분만하였는데 좋은 결과를 얻었다.

이 복사는 武丁의 부인 중 하나인 婦妟의 분만에 관한 내용을 점친
것이다. 殷代에는 아들을 낳는 것을 좋은 결과라고 하고, 딸을 낳으면
좋지 않다고 하였는데, 이 卜辭에서는 왕(武丁)이 직접 卜兆를 보고
간지에 庚자가 들어간 날에 분만을 하면 아들을 낳을 것이라고 판단
을 내렸다. 그리고 그 결과도 기록했는데 왕의 판단대로 이루어졌다는
내용이다. 이 복사는 前辭, 命辭, 固辭, 驗辭가 모두 보인다. 前辭는
'辛未卜, 殼貞:'이고, 命辭는 '帚(婦)妟娩嘉.'[11])이고, 驗辭는 '庚戌娩
嘉'이다, 固辭는 '王固曰: 其隹(唯)庚娩嘉.'인데, '王固曰:' 뒤에 단순
히 '吉'이나 '不吉'로 판정내리지 않고, 조건을 상세히 달아서 판정하
고 있는 점이 특이하다.

6.2.4 驗辭

驗辭는 판정 이후에 실제 결과가 어떻게 되었는지의 상황을 기록한

---

11) 점사 뒤에 나오는 '三月'은 점복을 시행한 시간을 나타내는데, 대개 명사
에 포함시키지만, 전사에 포함시키기도 한다.

것이다. 따라서 驗辭는 대개 占卜을 시행한 한참 후에 보관되어 있던 甲骨片을 꺼내 해당 복사에 이어서 기록하거나, 갑골편의 反面에 기록하기도 한다. 驗辭는 '과연', '정말로'라는 의미를 가진 '允(윤)'이 구절의 앞에 나와 시작 부분을 알 수 있지만, 생략되는 경우도 많다.

그림 19 《33374反》

戊寅卜, 王陷, 易日. 允.
무인일에 점친다. 王이 함정을 파서 사냥을 하는데, 날씨가 어두워진다. 과연 그렇게 되었다.
辛巳卜, 在掑, 今日王逐兕, 擒. 允擒七兕.《33374反》
신사일에 掑에서 점친다. 오늘 王이 외뿔소를 따라가면 잡는다. 과연 외뿔소 일곱 마리를 잡았다.

이 卜辭들은 왕의 사냥에 관련된 내용을 占卜하고 있다. 첫째 복사는 왕이 함정을 파서 사냥하는 방법을 쓰려는데 날씨가 어두워지는지를 점복하였는데, 驗辭 '允'으로 보아 그렇게 되었다는 것같다. 둘째 복사는 외뿔소 사냥에 관한 내용인데, 驗辭는 '允擒七兕'로 결과적으로 일곱 마리를 잡았다고 기록하고 있다. 이 卜辭들은 모두 소 肩胛骨의 反面에 새겨져 있다.

위에서 언급한 卜辭의 네 부분들은 때로는 갑골의 한 부분에 연속하여 나오지 않고, 다른 부분이나 심지어 反面에 출현하기도 하므로, 문맥에 따라 정확히 구분하여야 한다.

다음은 前辭 命辭 囧辭 驗辭 네 부분이 모두 출현하는 복사의 예이다.

그림 20 《94》

甲辰卜,亘貞:今三月光乎(呼)來.王固曰: 其乎(呼)來,乞至隹(唯)乙. 旬
有二日乙卯允有來自光,以羌芻五十.《94》

갑진일에 점을 쳐 亘이 묻는다: "지금의 삼월에 光지역에서 불러 온다."
왕이 판단 내려 말하길: 불러올 것이다. 乙이 들어간 날까지. 12일째 되는
을묘일에 과연 光지역에서 와서 羌(강)족 芻奴(추노) 50명을 바쳤다.

前辭 부분을 보면, 갑진은 점복을 행하는 날짜를 나타내고, 卜은
'점치다'는 뜻의 동사로 쓰였다. 亘은 점복을 주관하는 사람인 貞人의
이름이다. 정인의 이름은 대개 종족명 혹은 출신 지역명을 사용한다.
여기에서 貞(정)은 '묻다'는 동사 의미로 쓰였다.

命辭 부분에서 今三月은 시간을 나타내는 시간사로 今(금)은 '현
재'라는 의미이다. 光(광)은 종족명 혹은 방국명으로 여기에서는 呼來
(호래)의 목적어로서 전치되었다.

囿辭 부분을 나타내는 표지는 '王囿曰'이다. 여기의 囿은 점복을
행한 후에 갑골에 생기는 균열을 보고 왕이 판단을 내린다는 뜻이다.
曰은 입에서 소리가 나오는 모양을 본떠서 '말하다'는 뜻으로 쓰였다.
其(기)는 '미래'나 '추측'의 어기를 나타내는 성분으로 助動詞(조동
사)의 성질에 가까운 것이다.[12] 呼來라는 동사의 앞에 쓰여서 '불러
올 것이다'라는 의미를 나타낸다. '乞至唯乙'은 시간을 나타내는 구절
로 乞과 至는 모두 '이르다'는 뜻으로 乙이 들어간 날까지라는 시한을
나타낸다. 즉 앞 구절의 光에서 불러올 시한을 판단하는 것이다.

驗辭 부분은 판단의 결과를 기록하는 것인데, 먼저 시간을 나타내
는 '旬有二日乙卯(순유이일을묘)'에서 旬은 열흘을 나타내고, 有는
又와 같이 쓰였다. 즉 占卜을 행한 갑진일로부터 12일째인 을묘일을

---

12) 류동춘(2018:68-69) 참조.

가리킨다. 그리고 '允有來自光'의 允은 驗辭에 자주 등장하는 관용어인데, 판단을 내린 대로 결과가 나왔다는 것을 나타내는 '과연'의 뜻이다. 自는 시간이나 장소의 기점을 표시하는 전치사로서 이 구절은 과연 光으로부터 온 것이 있다는 것이다. '以羌芻五十(이강추오십)'에서 以는 사람이 물건을 들고 있는 모양으로 '바치다'는 뜻의 동사로 쓰였다. '羌芻'는 羌族으로서 꼴을 베는 노예를 가리키고, '五十'은 노예의 수량을 나타낸다. 갑골에서는 수량사는 명사의 앞이나 뒤에 모두 올 수 있다.

점복의 전 과정을 기록한다면 복사는 위의 네 가지 부분을 모두 가지고 있어야 하지만, 점복의 습관상 같은 사안을 반복해서 점치는 관계로 대부분의 복사는 네 부분을 모두 기록하지 않고 한 두 부분, 심지어 세 부분까지 생략하는 경우가 많이 보인다.[13]

다음은 占辭를 생략하고 前辭 命辭 驗辭만 기록한 복사의 예이다.

그림 21 《14153正》

---

13) 구성 부분뿐만 아니라, 문장에서도 생략할 수 있는 것은 거의 다 생략이 가능하다.

丙寅卜,[殼貞:翌丁]卯帝其令雨.
병인일에 점쳐 [殼이 묻는다: 내일 정]묘일에 상제께서 비를 내리게 한다.

丙寅卜,[殼貞:翌丁]卯帝不令雨.允不.《14153正》
병인일에 점쳐 [殼이 묻는다: 내일 정]묘일에 상제께서 비를 내리게
하지 않는다. 과연 내리지 않았다.

이 卜辭는 각각 긍정형과 부정형으로 날씨를 점치는 對貞卜辭이
다. 驗辭는 反問卜辭[14]에만 출현하고, 囧辭는 正問과 反問에 모두
보이지 않는다. 아마도 반복적으로 묻는 복사의 특성상 다른 복사에서
이미 판단을 내린 囧辭가 있었을 것이고, 이 복사들에서는 囧辭를
생략했을 가능성이 있다.

前辭에서는 貞人 殼이 병인일에 占卜을 시행한 것을 기술하고 있
다. 殼은 武丁시기 복사에 자주 등장하는 貞人이다.

命辭에 출현하는 翌은 새의 날개 모양으로 羽가 本字이다. 갑골문
에서 羽는 翌, 翊, 昱으로 읽을 수 있는데, 여기에서는 내일을 나타내
는 시간사로 假借하여 쓰였고, 후에 날개 羽(우, 翼자의 고자)와 구분
하기 위하여 日(일)을 보태서 새로운 㫋자를 만들었다. 이런 과정을
거쳐서 假借字는 聲符(성부)에 의미를 나타내는 意符(의부)가 더해
져 形聲字로 변화하는 것이다. 두 복사의 占卜일인 병인일의 다음
날이 정묘일이다. 이 복사들에서 翌은 모두 다음 날을 가리키지만,
때로는 다음 날이 아닌 며칠 후를 가리키는 경우도 보인다. 갑골문의

---

14) 命辭가 부정형인 卜辭.

帝(제)는 모든 자연현상과 인간사를 주재하는 상제를 가리키는 단어
이다. 복사에 보이는 자연신과 조상신 가운데 최상의 신이라고 할
수 있다. 이 두 복사에서도 제는 비를 좌지우지하는 힘을 지닌 신으로
등장한다.

6.2.5 兆序刻辭와 兆側刻辭

前辭 命辭 固辭 驗辭 외에 卜兆 옆에 새겨진 占卜과 관련된 기록이
두 종류 있다.

占卜을 행한 순서를 나타내는 '一', '二', '三' 등의 숫자가 해당하는
卜兆의 옆에 보이는데 이를 兆序刻辭(조서각사)라 한다. 이 兆序刻辭
는 序數(서수)라고도 하는데, 占卜을 행한 여러 卜兆들의 순서를 구
별하기 위하여 卜辭를 새기기 전에 먼저 새긴 것이다.[15]

卜兆 근처에 '一告', '二告', '吉', '大吉', '弘吉', '不玄冥' 등의 卜兆
의 상황을 나타내는 전용 술어도 보이는데, 이것을 兆記(조기) 또는
兆側刻辭(조측각사)라 한다.[16]

다음의 腹甲에는 兆序刻辭인 '一, 二, 三, 四, 五, 六'과 兆側刻辭인
'告, 二告'가 모두 보인다.

---

15) 이 兆序刻辭가 卜辭를 새기기 위해 깍여 나가거나, 원래 위치에서 깍아
    내고 다른 곳에 옮겨 새긴 예가 자주 보이는 것으로 봐서 卜辭보다
    먼저 새겼다는 것을 알 수 있다. 자세한 내용은 張秉權(1956)참조.
16) 兆側刻辭의 구체적 의미에 관해서는 아직 일치된 견해가 없다.

그림 22《9788正》

07

甲骨文 選讀

갑골의 출토지역이 다양하고, 시기 또한 殷商 이외의 것도 보이지만, 본서에서는 출토된 수량이 가장 많은 은나라의 옛 도읍이었던 河南省(하남성) 安陽(안양)시 殷墟에서 발굴된 갑골을 중심으로 내용을 살펴본다.[1]

문헌의 기록을 보면 상나라 사람들은 점치는 것을 숭상하였다고 하는데, 실제 출토된 갑골문도 문헌에서 언급한 것처럼 인간 생활의 전 영역에 걸친 다양한 내용을 담고 있다. 아래는 《甲骨文合集》의 분류 항목인데, 이 항목들만 보아도 복사에서 담고 있는 내용의 다양함을 확인할 수 있다.

> 勞動階層(노동계층)과 平民(평민), 王室貴族(왕실귀족), 官吏(관리), 軍隊(군대)·刑罰(형벌)·監獄(감옥), 戰爭(전쟁), 方域(방역), 貢納(공납), 農業(농업), 漁獵(어렵)·畜牧(축목), 手工業(수공업), 商業(상업)·交通(교통), 天文(천문)·曆法(역법), 氣象(기상), 建築, 疾病, 生育, 鬼神崇拜(귀신숭배), 祭祀, 吉兇夢幻(길흉몽환), 卜法(복법), 文字

그러면 다음에서 《甲骨文合集》의 항목들 가운데 각 시기별로 몇 가지를 선정하여 갑골 原片(원편)을 제시하고 내용과 특징을 살펴보자. 시기별로 배열하면 275년 동안 갑골문 내에 어떤 변화가 있는지도 알아볼 수 있을 것이기 때문이다. 《甲骨文合集》에는 董作賓이 처음 제시한 '十項項標準'[2]과 '5期'[3]분류법을 바탕으로 여러 학자들의 의

---

1) 앞에서도 잠시 거론했듯이, 山西省(산서성), 陝西省(섬서성), 北京市 등에서 殷墟와는 다른 형식의 甲骨片이 초기부터 발견되었고, 陝西省에서는 또 1977년과 1979년에 300여 片의 殷墟 갑골문과는 다른 양상을 보이는 西周시기 甲骨이 발견되었다.

견을 반영하여 시기를 확정한 41,956편을 수록하고 있다. 하지만《甲骨文合集》의 출간 후에도 갑골문의 斷代(단대)4)에 관한 많은 논의가 있었고, 현재는 董作賓이 처음 제기한 '文武丁卜辭'는 陳夢家의 의견대로 武丁시기로 귀속하고 있으며5), 이전에 제4기로 분류했던 歷組卜辭에 대해서도 武丁시기설이 상대적으로 우세를 점하고 있는 실정이다.6) 따라서 본 장에서는《甲骨文合集》의 분기에 최신 연구 성과를 반영한 楊郁彦의《甲骨文集分組分類總表》의 분기를 근거로 하여 갑골문을 배열하였다.

7.1 生育:《14115》+《14116》 제1기 𠂤小字7)

> 戊辰卜, 王貞: 帚(婦)鼠冥(娩), 余子.《14115》
> 무진일에 점쳐 왕이 묻다: 婦鼠가 분만하는데, 내가 자식으로 인정한다.
> 貞: 帚(婦)鼠冥(娩), 余弗其子, 四月.《12116》
> 묻다: 婦鼠가 분만하는데, 내가 자식으로 인정하지 않는다. 점복을 행한 시기는 四月이다.

---

2) 世系, 稱謂, 貞人, 坑位, 方國, 人物, 事類, 文法, 字形, 書體
3) 제1기, 武丁과 그 이전; 제2기, 祖庚, 祖甲; 제3기, 廩辛, 康丁; 제4기, 武乙, 文丁; 제5기, 帝乙, 帝辛
4) 갑골편의 시기를 확정하는 것을 가리킨다.
5) 陳夢家의《殷虛卜辭綜述》제4,5장《斷代》참조.
6) 이밖에 李學勤(1981)〈小屯南地甲骨與甲骨分期〉《文物》제5기와 林澐(1984)〈小屯南地發掘與甲骨分期〉《古文字研究》第9輯 등은 貞人별로 더 세분한 '分組'설과 王卜辭를 두 계통으로 나누는 '兩系'설을 제시하고 있다. (앞의 '갑골문 분기'참조.)
7) 楊郁彦(2005)에 따른 分期分組. 아래에도 같음.

그림 1《14115》

그림 2《14116》

이 두 卜辭는 내용에 근거하여 철합할 수 있다. 婦鼠가 낳은 자식이 왕의 자식인가를《14115》는 긍정문의 형식으로《14116》은 부정문의 형식으로 점복하는 對貞卜辭이다.

丫은 점복 재료를 불에 달군 막대기로 鑽鑿 부위를 가열했을 때, 반대쪽에 나오는 균열(卜兆)을 본뜬 모습으로 卜자이다. 卜兆는 수직으로 먼저 균열이 생긴 후 옆 방향의 균열이 위나 아래를 향하여 생기는데, 점치는 사람이 이를 보고 길흉을 판단한다.[8]《說文》에는 "卜은 거북을 구워 갈라지게 하는 것이다. 거북을 굽는 모습을 본떴다. 일설에는 가로세로로 난 卜兆의 모양을 본떴다고 한다. 卜은 古文의 卜자이다."[9]라 하였다.《說文》의 古文은 서주시기 智鼎의 金文 卜 과 자형이 유사하다. 갑골문에서 卜은 '점복하다'는 의미로 사용되었다.

王은 날이 아래로 향한 도끼 모양을 본뜬 것으로 王자이다. 살육의 도구인 도끼로 왕의 권위를 나타낸 것이다.[10] 갑골문에 보이는 王,

---

8) 徐中舒(1988:349-350) 참조.
9) "卜, 灼剥龜也. 象炙龜之形. 一曰象龜兆之從橫也. 卜, 古文卜."

𝝆, 𝟙, 𝟙, 𝟙, 王 등의 다양한 자형도 도끼날 부분의 모양을 보여준다. 《說文》에는 "王은 天下가 귀의하는 바이다. 董仲舒(동중서)가 말하길: '옛날에 글자를 만든 사람이 세 획을 긋고 그 가운데를 연결하여 王이라 하였다. 세 획은 天, 地, 人을 나타낸다. 그것을 통합하는 것이 王이다.'라 하였다. 孔子가 말하길: '삼자를 하나로 꿰는 것이 王이다.'라 하였다. 吜은 古文의 王자이다."[11]라 하였는데, 후대의 관점에서 王을 관념적으로 풀이한 것이다. 《說文》의 古文에서 아래 획 양 끝이 올라간 모양이 후기 갑골문과 유사한 점이 있다.

갑골문 帚자에 대하여 《甲骨文字典》[12]에서는 𝝃는 빗자루의 모양을 본뜬 것인데, 모종의 식물로 빗자루(帚)를 만들었으며 帚는 婦나 歸로 가차되어 쓰인다고 하였다. 갑골문에는 帚에 女를 더하여 𝖶로 쓴 자형도 보이는데, 帚자의 後起字(후기자)[13]이다. 이 卜辭에서 帚는 婦로 쓰였다.

갑골문 鼠는 쥐의 특징을 그대로 묘사하였다. 다른 동물과 구별되는 것은 입 주위에 있는 부유물로 쥐가 늘 무엇을 갉는 특징을 드러내어 보인 것이다. 黃天樹는 여기의 婦鼠는 商王 武丁의 부인 가운데 한 사람이라고 하였다.[14]

---

10) 徐中舒(1988:32) 참조.
11) "王, 天下所歸往也. 董仲舒曰: '古之造文者, 三畫而連其中謂之王. 三者, 天, 地, 人也. 而參通之者, 王也.' 孔子曰: '一貫三爲王.' 吜, 古文王."
12) 徐中舒(1988:865) 참조.
13) 최초 자형을 나타내는 初文(초문)과 대비되는 말로 같은 글자의 뒤에 나온 서사형태를 가리킨다.
14) 黃天樹(2014:322) 참조.

갑골문 冥은 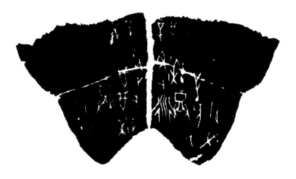이나 ~~안에 이 들어가 있는 모습인데, ~~은 어머니의 자궁을 상징하고 ~~은 자궁에서 막 나오는 아기의 머리를 그린 것이다. 이 卜辭에서 '분만하다'는 뜻의 娩으로 사용되었다. ~~은 아이를 받는 산파의 두 손을 나타낸다.

~~는 아이의 모습을 그린 상형자인데, 큰 머리와 두 팔, 그리고 아래는 강보에 쌓인 몸통을 나타낸다. 갑골문에서 ~~는 干支의 하나인 巳로도 사용되는데 문맥에 따라 혼동되지는 않는다. 이 卜辭에서 子는 명사가 아니라 '자식으로 인정하다'는 의미의 동사로 쓰였다.

갑골문 弗은 원래 활의 탄력을 유지하기 위해 활을 틀에 넣고 끈으로 감아 고정시키는 모습을 본떴는데, 후에 부정사로 가차되었다.[15] 卜辭에서는 본의로 사용된 예는 보이지 않고, 모두 부정사로 쓰인다.

7.2 祭祀:《21221》제1기 自小字

그림 3 《21221》

---

15) 徐中舒(1988:1354) 참조.

辛丑卜: 巡**酌**黍**昇**(登), 辛亥. 十二月.

신축일에 점친다: 巡이 **酌**제사를 지내며 기장쌀을 올리는데, 신해일에
한다. 占卜을 행한 시기는 十二月이다.

辛丑卜: 于一月辛酉, **酌**黍**昇**(登). 十二月. 《21221》

신축일에 점친다: "一月 신유일에 **酌**제사를 지내며 기장쌀을 올린다.
占卜을 행한 시기는 十二月이다.

　이 卜辭는 腹甲의 꼬리 부분 가까이에 있는 것으로 千里路를 마주
하고 두 개의 選貞卜辭를 배열하여 제사 날짜를 占卜하고 있다.

　酌는 대부분의 학자들이 酒로 풀이하고 제사의 명칭으로 본다. 하
지만 갑골문에서 지명으로 사용되는 酒가 모두 水와 酉를 구성요소로
하는 것과는 자형상 엄격히 구별된다. 이 복사에서도 **酌**는 제사의
명칭으로 쓰였다.

　🦟는 기장을 나타내는 黍자인데, 🦟 주위에 물을 나타내는 여러
개의 점이 있는 모습이다. 갑골문에서 물은 대개 🦟로 쓰지만, 다른
글자의 구성요소로 들어갈 때는 후대의 글자들이 水, 氵, 水 등으로
변하는 것과 마찬가지로 다양한 모습으로 나타난다. 《說文》에서는
"黍는 벼 종류인데 차진 것이다. 大暑 때 성숙되므로 黍라고 부른다.
禾를 구성요소로 하고 雨의 생략형을 성부로 한다. 공자가 말하길:
'黍로 술을 빚을 수 있어서 (자형이) 禾가 물에 들어간 모양이다.'라
하였다"[16]라 하였는데, 黍의 讀音을 자형 구조에서 연계하기 위해

---

16) "黍, 禾屬而黏者也. 以大暑而種, 故謂之黍. 从禾,雨省聲.孔子曰: 黍可
　　為酒,禾入水也."

물(水)을 雨의 생략형이라 풀이한 것 같다. 羅振玉은 《增訂殷虛書契考釋》에서 "黍는 갑골문에서는 간혹 水를 생략하는데, 이삭이 흩어져 있는 것이 벼와 다르므로 흩어진 모양으로 표현한 것이다."라 하였다.[17] 갑골문에는 농경사회의 생활을 반영하여, 禾(좁쌀), 黍(찰기장), 稷(메기장), 麥(보리), 秬(검은 기장) 등이 구분되어 쓰였다.

갑골문 舛은 登으로 읽어야 한다. 《說文》에 "登은 수레를 타다이다. 癶과 豆를 구성요소로 하는데, 수레에 오르는 모양을 본떴다. 𤼄은 주문(籒文)의 登자이다."[18]라 하였는데, 登자 위에 있는 癶과 舛자 아래에 있는 収(廾)은 같은 역할을 하는 구성요소로 볼 수 있다. 갑골문에서 登자로 풀이할 수 있는 자형이 여러 개 보이는데, 기물인 豆 속에 내용물을 넣은 과 아래의 손을 빼고 위에 癶만 남긴 , 豆의 아래 획이 없는 , 豆 속의 내용물이 없는 등 다양하다. 《說文》 속 籒文 𤼄은 갑골문에 보이는 登의 다양한 자형의 구성요소였던 癶, 豆, 収이 모여 이루어진 모습이다. 이렇게 갑골문 속에서 登은 다양한 형태로 나타나며, 이는 갑골문의 원시성을 보여주는 증거의 하나이다. 이 卜辭에서 登은 새로 수확한 곡식을 조상과 여러 신들께 바치는 제사 명칭으로 쓰였다.

巡은 巛과 行을 구성요소로 하는데, 《集韻》에 "順은 옛날에 巡으로 썼다."[19]라고 한 것처럼 順과 같은 글자이다. 이 복사에서 巡은 인명으로 쓰였다.

---

17) "(甲文)或省水. 黍為散穗, 與稻不同, 故作(散開)之狀以象之.".
18) "登, 上車也. 从癶, 豆. 象登車形. 𤼄,籒文登从収."
19) "順, 古作巡."

는 羅振玉이 金文과의 자형 비교를 통하여 于로 풀이했으나[20], 무엇을 본뜬 것인지에 대하여는 정해진 설이 없다. 이 자형외에 , 등의 자형으로도 쓴다. 《說文》에는 "于는 於이다. 기운이 평탄하게 펼쳐지는 것을 본떴다. 丂와 一을 구성요소로 한다. 一은 기운이 평평함을 나타낸다."[21]라 하였다. 卜辭에서 于는 시간이나 장소, 대상을 나타내는 전치사로 쓰인다.

이 복사에서 '十二月'은 合文[22]으로 쓰였다. 갑골문에서 조상의 이름과 月名(월명) 등은 대개 합문의 형식으로 쓴다.

7.3 戰爭: 《6057正》 제1기 典賓

癸巳卜, 貞: 旬亡(憂). 王固曰: 屮(有)求(咎), 其屮(有)來嬉(艱). 乞(迄)至五日丁酉, 允屮(有)來嬉(艱)自西. 沚馘告曰: 土方(撲)于我東啚(鄙), 二邑, 吾(邛)方亦帚(侵)我西啚(鄙)田. 《6057正》

계사일에 점쳐 묻는다: 앞의 열흘 중에 우환이 없다. 王이 (복조를 보고) 판단하여 말하길: "재앙(咎)이 있다. 아마도 변고(艱)가 닥칠 것이다."라 하였다. (점복을 시행하고 나서) 다섯째 날인 정유일이 되어서, 과연 (왕이 판단한 대로) 서쪽에서 변고(艱)가 있다는 소식이 전해져 왔다. 沚馘이 "土方이 우리 동쪽 변경에서 소란을 일으켜, 두 개의 城邑을 점령했고, 邛方도 우리 서쪽 변경의 촌락을 침범했습니다."라고 보고하였다.

---

20) 于省吾(1996:3354) 참조.
21) "于, 於也. 象气之舒于, 从丂, 从一. 一者, 其气平之也."
22) 두세 글자를 한 글자의 공간에 쓰는 형식으로 갑골문과 금문 등 고문자에 주로 나타난다.

그림 4 《6057正》

이 卜辭는 商代에 일상적으로 시행했던 열흘 단위의 吉凶禍福을 점복하는 내용인데, 왕이 卜兆를 보고 외족의 침입을 예측하였고, 결과적으로 王의 예측이 맞았다는 것도 기록하고 있다.

$\mathcal{J}$은 사람이 다리를 구부리고 손을 가슴 쪽으로 오므려서 숨어 있는 모양을 본뜬 亡자 이다. 이와 같이 몸을 움츠려 숨어 있는 것이 죽은 사람의 모습과도 유사하여 亡이 '사망하다'는 뜻도 가지게 된 것 같다.[23] 《說文》에는 "亡은 달아나다(逃)이다. 入과 ㄴ을 구성요소로 한다."[24]라고 하였다. 그리고 《說文》에서 "ㄴ은 숨다(匿)이다. (몸을) 굽혀서 숨는 모습을 본뜬 것이다. 隱으로 읽는다"[25]라고 한 것으

---

23) 落合淳思(2016:34) 참조.
24) "亡, 逃也. 从入, 从ㄴ."

로 보아, 亡 속에 '숨다'는 의미도 포함되어 있음을 알 수 있다. 卜辭에
서 亡은 자주 㞢(有)와 대비되는 無로 가차되어 사용된다. 亡과 無는
上古音 聲母(성모)가 모두 明모이고 韻部(운부)는 각각 陽부와 魚부
로 主要母音(주요모음)이 같아 가차가 가능하다.26)

갑골문 🄷는 학자들마다 凶, 災, 咎, 禍 등으로 읽어야 한다는 다양
한 해석이 있었지만, 裘錫圭는 緣로 고석하고, 憂로 읽어야 한다고
하였다.27) 이 복사와 같이 열흘 동안에 우환이 있는지를 점치는 '旬亡
🄷' 구조는 복사에 자주 보이는 일상적 점복 행위이다.

갑골문 占자에서, 囗는 점복 재료의 모습을, ⴑ은 복조(卜兆)의 모
습을 본떴으며, 囗 안의 口는 '말하다'는 의미를 나타낸다. 즉 이 글자
는 '점복 재료에 나타난 복조를 보고 말하다'는 뜻이다.《說文》에 "占
은 兆(조)28)를 보고 질문하는 것이다. 卜과 口를 구성요소로 한다."29)
라고 하였는데, 갑골문의 占은 질문하는 것이 아니라, 복조를 보고
판단을 내리는 의미로 사용되었다.

曰은 ㅂ(口)와 그 위에 지사부호인 一을 더하여 '말이 口로부터
나온다'는 뜻을 나타낸다.《說文》에 '曰은 말(詞)이다. 口가 의미 요소
이고, 乙이 소리 요소(聲符)이다. 또한 입에서 기운이 나오는 모양을
본떴다.'30)라고 하였다. 복사에서 曰은 '말하다'는 뜻으로 사용한다.

---

25) "乚, 匿也. 象迟曲隱蔽形。讀若隱."
26) 郭錫良(2011:146, 413) 참조.
27) 裘錫圭(1992:105) 참조. 이에 대한 자세한 설명은 뒤에 나오는 '文字考
    釋方法'의 '假借釋讀法'부분 참조.
28) 卜兆를 가리킨다.
29) "占, 視兆問也. 从卜, 从口."
30) "曰, 詞也. 从口, 乙聲. 亦象口气出也."

🌾는 王國維가 처음 求로 풀이하고 복사에서는 재앙을 나타내는 의미인 祟로 읽었는데, 裘錫圭는 求를 咎의 가차로 보았다.[31] 求와 咎의 상고음이 모두 성모가 群모이고 운모는 幽부에 속[32]하여 가차가 가능하므로 裘錫圭의 견해가 설득력이 있다.

🌾는 보리의 모양을 본뜬 것인데, 갑골문에서는 '往來하다'는 의미의 來로 假借되어 많이 사용된다. 《說文》에는 "來는 周나라가 (하늘에서) 받은 좋은 보리(瑞麥)인 來麰이다. 하나의 보리(줄기)에 두 개의 이삭(縫)이 있는 모습으로, 보리까끄라기의 모양을 본떴다. 하늘이 내려준 것이므로, '오가다'의 來가 된다."[33]라고 하였는데, 假借가 아니라 派生된 의미로 본 것이다. 하지만 羅振玉은 《增訂殷虛書契考釋》에서 "卜辭 속의 여러 來자는 모두 象形이다. 이삭이 아래로 쳐졌다 올라갔다 하는 것은 보리의 줄기가 벼와 다르게 꼿꼿해서이기 때문이다.……往來하다는 來字로 假借되었다."[34]라고 하였는데, 이 견해대로 假借로 보는 것이 타당하다. 이 복사에서 來는 '오다'는 의미로 쓰였다.

이 복사의 娕은 🌾와 🌾(女)를 구성요소로 하는데, 🌾를 🌾(莫), 🌾(人), 🌾(卩)로 쓰기도 하고, 🌾는 🌾로 쓰기도 한다. 이 글자를 銀으로 쓰기도 하는데 모두 艱으로 읽는다.[35] 《說文》에는 "艱은 '흙이

---

31) 裘錫圭(1992:59-69) 釋'求' 참조.
32) 郭錫良(2011:288-289) 참조.
33) "來, 周所受瑞麥來麰, 一來二縫. 象芒束之形. 天所來也, 故為行來之來."
34) "卜辭中諸來字皆象形. 其穗或垂或否者, 麥之莖強, 與禾不同……叚借為往來字."

다루기 어렵다'이다. 堇을 구성요소로 하고 艮이 성부이다. 囏는 籀文
의 艱자로 喜를 구성요소로 한다."36)라 하였다. 이에 대하여 단옥재는
《說文解字注》에서 "(이 글자의 의미에서) 파생되어 모든 다루기 어려
운 것을 艱이라고 한다. 내 생각에 허신의 책에는 墾자가 없는데,
아마 고대의 艱자가 바로 지금의 墾자인 것 같다."라고 하였다. 여기
에서 "婕"은 바로 "艱"이며, 재난의 의미로 사용되었다.

　三은 셋을 나타내는 三이 세 획의 길이가 같은 것과 다르게, 가운데
획은 짧고 위아래의 두 획은 이보다 긴 모양이다. 于省吾는 三을
乞로 풀이하고, 乞을 迄의 초문으로 보았다.37) 《說文》에는 "迄은 이르
다(至)이다. 辵이 구성요소이고, 气가 성부이다."38)라고 하였다. 이
복사에서 乞은 바로 '이르다'는 의미의 迄로 쓰였다.

　全는 𠂕(矢)와 一로 구성되었는데, 거꾸로 된 화살 𠂕가 땅을 나타내
는 一에 '도달하다'는 것을 나타내는 至자이다. 《說文》에는 "至는 새
가 날아서 높은 곳에서 아래로 땅까지 내려오는 것이다. 一을 구성요
소로 하는데, 一은 땅과 같다. 象形字이다."39)라고 하여, 갑골문에서
원래 화살이었던 것을 새로 잘못 보았다. 《漢語大字典》에는 羅振玉
이 갑골문의 至는 화살이 멀리서 날아와 땅에 떨어진 모양을 본떴지,
새의 모습을 본뜬 것이 아니라고 하였다고 하였다.40) 이 복사에서

---

35) 徐中舒(1988:1464) 참조.
36) "艱, 土難治也. 从堇, 艮聲. 囏, 籀文艱从喜."
37) 于省吾(1996:3374-3375) 참조.
38) "迄, 至也. 从辵, 气聲."
39) "至, 鳥飛从高下至地也. 从一, 一猶地也.象形."
40) "按羅振玉《雪堂金石文字跋尾》認為,像矢遠來降至地之形,不像鳥形."

至는 공간적인 것에서 시간적인 것으로 더 문법화되어 '시간이 도달하다'는 뜻으로 쓰였다.

갑골문 日은 해의 모양을 그대로 본뜬 것인데, 원래 해는 둥근 모양이지만, 갑골 재료의 특성상 둥근모양을 새기기가 쉽지 않아 부득이하게 네모난 모양을 하게 되었다. 《說文》에 "日은 가득찼다(實)이다. 태양의 정기가 일그러지지 않았다. □과 一을 구성요소로 하며, 象形이다. ☉ 은 古文이며 象形이다."[41]라고 하였다. 日은 '태양'을 그린 것이지만, 의미가 파생되어 '시간'개념을 나타내기도 한다. 이 복사에서 日도 시간개념인 날짜의 기록으로 쓰였다.

☖는 코의 모양을 본뜬 것으로 自자이다. 《說文》에 "自는 코(鼻)이다. 코의 모양을 본떴다. 㠯는 古文의 自자이다."[42]라고 하였다. 이에 대해 단옥재는 《說文解字注》에서 "自는 鼻로 읽는다. 지금 세간에서 처음 태어난 아이를 鼻子라고 하는 것이 이것이며…… 지금의 '비롯하다(從)', '자신(己)', '자연히(自然)'라는 뜻은 모두 파생된 의미이다."라고 하였다. 自가 일인칭으로 쓰이는 것에 대한 풀이는 크게 두 가지로 갈린다. 하나는 파생으로 보는 것인데, 자신을 지칭할 때, 코를 가리키는 것에서 일인칭을 나타내게 되었다는 것이다. 다른 견해는 自가 일인칭이 된 것이 언어 속의 일인칭을 글자로 표현할 방법이 없어서 부득이하게 기존의 글자 가운데 발음이 같은 自자를 빌어왔다는 가차의 풀이이다. 《廣韻》에 "自는 비롯하다(從)이다."[43]라고 하였

---

41) "日, 實也, 太陽之精不虧. 从口, 一, 象形. ☉, 古文, 象形."
42) "自, 鼻也. 象鼻形. 㠯, 古文自."
43) "自, 從也."

는데, 이 복사의 自도 從의 의미로 쓰였다.

🐦는 西자로 읽는데, 王國維는《觀堂集林》에서 새의 둥지 모양을 본뜬 것으로 栖의 의미로 보았다.44)《說文》에는 "西는 새가 둥지 위에 있는 것이다. 상형이다. 해가 서쪽에 있을 때 새가 깃들므로, 동서 방향을 나타내는 西로 삼았다."45)라고 하였다. 이에 대해 단옥재는《說文解字注》에서 "(이 글자의) 아랫부분은 둥지의 모양을 본떴고 윗부분은 새 모양을 본떴다. 회의자이다……새가 둥지에 있는 것이 이 글자의 본의이다."라 하였다. 西는 栖의 초기 자형이며, 뒤에 義符 木을 추가하여 栖로 쓴 것이다. 지금의 棲는 성부가 된 西를 다시 妻로 교체하여 생긴 것이다. 이 복사에서 西는 방위인 '서쪽'을 가리킨다.

갑골문 沚는 물 가운데의 섬을 나타내는 말인데, 이 복사에서는 이름의 한 부분을 차지하는 지명으로 쓰였다.《說文》에서는 "沚, 작은 모래톱을 沚라고 한다. 水를 구성요소로 하고, 止가 성부이다."46)라고 하여 형성자로 보았다.

갑골문 聝은 이 복사에서처럼 戈와 目을 구성요소로 하기도 하고, 戈와 耳를 구성요소로 하기도 한다.《說文》에는 "聝은 군대의 전투에서 (상대편의)귀를 자르는 것이다.《춘추좌전(春秋左傳)》에 '포로로 삼는다.'라고 하였다. 耳를 구성요소로 하고, 或이 성부이다. 馘(馘)은 聝의 或體(혹체)47)로 首를 구성요소로 한다."48)라고 하였다. 이에 대

---

44) 王國維(1983:286-287) 참조.
45) "西, 鳥在巢上, 象形. 日在西方而鳥棲, 故因以爲東西之西."
46) "沚, 小渚曰沚. 从水, 止聲."
47) 발음과 의미는 같은데, 字形이 다른 異體字를 가리킨다.
48) "聝, 軍戰斷耳也.《春秋傳》曰: '以爲俘聝.' 从耳,或聲. 馘,聝或从首."

해 단옥재는《說文解字注》에서 "《大雅》에 '(포로에게서) 자른 귀를 천천히 바친다.'라고 했고, 傳에는 '聝은 잡다(獲)이다. 복종하지 않는 자는 죽여서 왼쪽 귀를 바치는 것을 聝이라고 한다.'라 했다.《魯頌》에는 '반궁에서 자른 귀를 바치다.'[49]라 했고, 箋에는 '聝은 죽인 자의 왼쪽 귀이다.'라 했다."라고 하였다. 이 복사에서 聝은 앞의 沚와 함께 人名으로 쓰였다. '沚聝'은 복사에 자주 등장하는데, 이름이 聝인 沚 國의 장군을 가리킨다.

🌱의 자형구조에 대하여 이전에는 대부분 설문의 풀이에 근거하여 牛와 口로 보았지만[50], 告의 다른 자형인 🌱, 🌱, 🌱 들을 보면, 윗부분을 牛로 단정할 수 없다. 최근 새로운 풀이는 윗부분을 북을 나타내는 壴자의 윗부분 장식으로 북을 대표한다는 보는 것이다.[51] 告가 복사에서 '알리다'는 의미와 제사 명칭으로 쓰이는데, 북을 쳐서 소리를 내는 것이 두 가지 의미를 다 포괄할 수 있기 때문이다.《說文》에는 "告는 소가 사람을 받기 때문에 뿔에 가로목을 대어서 사람들에게 경고하는 것이다. 口와 牛를 구성요소로 한다.《易》에 이르길 : '어린 소에게 가로목을 대다'라 하였다."[52]라 하였다. 이 복사에서 告는 '알리다' 의미의 동사로 쓰였다.

Ω는 땅을 가리키는 一 위에 흙덩이가 있는 모양의 土자이다. 갑골문에는 흙부스러기가 추가된 'Ω'와 간략히 표현한 ⊥ 등 다양한

---

49) "在泮獻聝"
50) 徐中舒(1988:85-86)는 윗 부분이 '종의 방울'이고 종을 치는 행위가 '알리다', '제사를 지내다'의미를 다 포괄할 수 있다고 보았다.
51) 落合淳思(2016:112-113) 참조.
52) "告, 牛觸人, 角箸橫木, 所以告人也. 从口, 从牛.《易》曰: '僮牛之告.'"

자형이 보인다. 《說文》에는 "土는 땅이 뱉어 내어 만물을 자라게 하는 것이다. 二는 땅의 아래와 가운데를 본뜬 것이고, ㅣ은 사물이 나오는 모양이다."53)라 하였다. 갑골문에서 土는 원래의 의미 외에, 토지신(社), 조상 이름(相土), 방국명으로도 쓰인다. 이 복사에서는 방국명으로 쓰였다.

𢆶 은 方으로 읽는데, 칼이 걸려 있는 모양, 혹은 보습(耜)의 모양을 본뜬 것이라는 설이 있고, 또 적대국의 사람을 잡아 머리에 칼을 씌운 옆모습을 그렸다는 견해도 있다.54) 하지만 무엇을 그린 것인지 명확하지 않다. 《說文》에는 "方은 두 척의 배를 나란히 묶은 것이다. 두 척의 배는 생략하고 묶은 머리 부분만 본떴다.55)라고 하였다. 이 복사에서 方은 '方國'의 의미로 쓰였으며, 土方은 武丁시기에 상나라와 자주 전쟁을 벌인 방국이다. 陳世輝와 湯餘惠는 陳夢家는 社方이라고 하였는데, 서주시기에 지금의 陝西省 西安市 동남쪽에 祁성을 가진 社國이 있었는데 이 지역 같다고 하였다.56)

𣥚 은 발을 나타내는 止 두 개(癶)와 口을 구성요소로 한다. 《說文》에서 "癶(址)는 발이 서로 어긋난 것이다. 止와 少를 구성요소로 한다.… 撥로 읽는다."57)라고 하였다. 이에 대해 단옥재는 《說文解字注》에서 "址는 隷變하여 癶로 쓴다."라고 하였다. 陳夢家는 《殷墟卜辭綜述》에서 "癶은 틀림없이 撥亂의 撥이다."58)라고 하였다. 갑골문에서

---

53) "土, 地之吐生物者也. 二象地之下, 地之中, ㅣ, 物出形也."
54) 落合淳思(2016:32-33) 참조.
55) "方, 併船也. 象兩舟省緫頭形."
56) 陳世輝·湯餘惠(2011:139-140) 참조.
57) "癶, 足剌癶也. 从止,少.…讀若撥."

은 두 개의 발로 '여러 명이 다가오다'는 의미를 나타내고, ㅁ은 사람이 사는 거주지를 나타낸다. 그러므로 이 복사에서 𤣥은 '침범하여 소란을 일으키다'의 의미로 쓰였다.

갑골문 東은 전대 속에 물건을 넣고 양 끝을 줄로 묶은 모양을 본뜬 것으로 橐의 초문이다.[59) 갑골문에서 東은 모두 방위의 동쪽을 나타내므로 후에 다시 橐을 만들어 '보따리'의 전용자로 쓰게 되었다. 《說文》에는 "東은 움직이다(動)이다. 木을 구성요소로 한다. 관부(官溥)가 '해(日)가 나무(木) 가운데 있는 구조이다.'라 했다."[60)라 하였다. 이에 대해 단옥재는《說文解字注》에서 "해(日)가 나무(木)의 가운데 있는 것을 東이라 하고, 나무(木) 위에 있는 것을 杲라 하며, 나무(木) 아래에 있는 것을 杳라 한다."라고 하였다. 이 복사에서도 東은 방위를 나타내는 '동쪽'으로 쓰였다.

갑골문 㐭는 亩과 ㅁ으로 구성된 회의자로 벼와 보리가 창고에 쌓여있는 모습을 본떴으며, 복사에서는 방국명이나 변방을 나타내는 鄙의 의미로 쓰인다.[61)《漢語大字典》에서도 㐭를 '都鄙'의 '鄙'자의 初文이라 하고 '亩'가 '廩'과 같으며, 甲骨文은 벼의 이삭이 바깥에 노출된 모양을 본떴다고 하였다.[62)《說文》에는 "㐭는 곡식을 거두다 (嗇)이다. ㅁ와 亩을 구성요소로 한다. 亩은 받다(受)이다. 㐭는 古文으로 㐭는 이와 같이 쓴다."[63)라고 하였다. 이 복사에서 㐭는 鄙로

---

58) 陳夢家(1956:322) 참조.
59) 徐中舒(1988:662) 참조.
60) "東, 動也. 从木. 官溥說, 从日在木中."
61) 徐中舒(1988:610-611) 참조.
62) "'㐭'為'都鄙'的'鄙'字的初文. '亩', 同'廩'. 甲骨文像禾穗露在野之形."

읽으며, 변방에 있는 마을을 가리킨다.

는 戈에 屮을 거꾸로 매단 모습으로 𢦏으로 읽는다. 이 글자가 어느 글자인지에 대해서는 아직 일치된 견해가 없지만, 자형 구조상 무엇인가를 '공격하다'는 의미를 가지고 있다는 것에는 이견이 없다.[64]

갑골문 邑은 사람의 거주지를 나타내는 口와 그 속에 사는 사람을 나타내는 (卩)"을 구성요소로 한다.[65] 《說文》에는 "邑은 나라(國)이다. 口를 구성요소로 하는데, 선왕의 제도에는 귀천에 따라 (나라의) 크기가 다르기에, 卩(왕의 명령을 증명하는 부절)을 구성요소로 한다."[66]라고 하였다. 이에 대해 단옥재는 《說文解字注》에서 《좌전》을 인용하며 "邑 가운데 종묘(宗廟)와 선군(先君)의 신주가 있는 곳을 都라 하고, 없는 곳은 邑이라 한다"라고 하였다. 갑골문을 보면 《說文》에서 卩을 부절로 본 것은 명백한 오류이다. 卩은 성안에 사는 백성으로 보아야 한다. 갑골문에서 邑은 일반적으로 사람이 거주하는 마을을 가리킨다.

갑골문 亦은 사람을 나타내는 (大)와 지사 부호인 丿乀을 구성요소로 하는데, 丿乀은 사람의 양 겨드랑이 부분을 가리킨다. 따라서 亦은 掖의 초기 자형이다. 《說文》에는 "亦은 사람의 팔 아래 겨드랑이이다. 大를 구성요소로 하는데, 양 겨드랑이의 모습을 본떴다."[67]라고 하였

---

63) "啚, 嗇也. 从囗, 㐭. 㐭, 受也. 啚, 古文啚如此."
64) 예를 들면 "邛方允𢦏戊."《6373》에서도 '공격하다'의 의미로 쓰였다.
65) 徐中舒(1988:710) 참조.
66) "邑, 國也. 从口. 先王之制, 尊卑有大小, 从卩."
67) "亦, 人之臂亦也. 从大, 象兩亦之形."

다. 이에 대해 단옥재는《說文解字注》에서 "《玉篇》에서는 지금은 挾으로 쓴다고 했는데, 내 생각에 手部의 挾은 손으로 사람을 팔을 잡고 땅으로 던지는 것이다. '일설에는 팔 아래라 한다.' 하는데 이 '一曰臂下'라는 말은 아마도 아무것도 모르는 사람이 俗體字[68]에 근거해서 부연한 말일 것이다. 徐鉉(서현) 등이 '亦은 지금 이체로 腋으로 쓴다'고 했는데, 내 생각에《廣韻》에서는 肘腋을 이 글자로 썼고, 민간에서는 亦을 어사(語詞)[69]로 썼다"라고 하였다. 자형에서 보이듯 亦은 본래 겨드랑이를 가리키는 명사였는데, '또한'의 의미를 가진 副詞(부사)로 자주 가차되다 보니 후에 腋를 따로 만든 것이다. 이 복사에서는 亦이 '또한'의 의미를 가진 부사로 쓰였다.

　갑골문 𤙸은 (牛), (又), (帚)를 구성요소로 하는데, 를 생략한 글자도 보인다. 갑골문 자형을 보면 빗자루(帚)를 손(又)으로 잡고 소(牛)를 치는 의미를 표현한 회의자인 것 같다. 卜辭에서는 '침범하다(侵)'"를 나타내는 글자로 假借되었다.[70]《說文》에는 "侵은 점점 들어오다이다. 人과 又가 帚를 가지고 있는 것을 구성요소로 하며, 빗자루질을 하면서 나가는 것과 같다. 又는 손(手)이다."[71]라고 하였다. 이에 대해 단옥재는《說文解字注》에서 "侵은 말이 달리듯이 나아감을 말한다. 水部에 '浸淫은 이치에 따라 점점 잠기는 것이다. 浸淫은 또한 侵淫으로 쓰기도 하며, 또 侵陵도 점점 가까워지다의 뜻이다.'

---

68) 민간에서 쓰는 글자체로, 공식 글자체인 正字와 상대적인 개념이다.
69) '또한'이라는 의미의 용법을 가리키는 것으로 허사에 해당하는 말인 것
　　같다.
70) 徐中舒(1988:889) 참조.
71) "侵, 漸進也. 从人又, 持帚, 若埽之進. 又, 手也."

라 하였고, 《左傳》에 '鐘鼓가 없는 것을 侵이라 한다.'라고 하였다."라
고 하였다. 이 복사에서 𢝕은 侵으로, '침범하다'의 뜻으로 쓰였다.

갑골문 田은 구획된 땅의 모습을 그린 것으로, 복사에서는 '사냥하
다'는 의미의 동사와 '사냥터', '밭' 등의 명사로 쓰인다. 여기에서는
명사로 쓰였다.

7.4 戰爭:《6409》제1기 典賓

그림 5 《6409》

丁酉卜, 𣪊貞: 今者王収(拱)人五千正(征)土方, 受虫(有)又(祐). 三月.
《6409》

정유일에 점쳐 𣪊이 묻는다: 지금 왕이 사람 오천 명을 모아서 土方을
정벌하면, 신명의 도움을 받을 수 있다. 점복을 행한 시기는 三月이다.

이 복사는 商王 武丁이 사람들을 모아서 土方과 전쟁을 하면 하늘
의 도움을 받을 수 있는지를 점복하는 내용이다.

口은 못(釘) 대가리를 위에서 본 모습을 그린 것이다. 金文을 보면

원래 모습은 █인데, 이 모양은 점복 재료에 새기기 쉽지 않아, 부득이하게 네모 모양인 현재의 자형을 가지게 되었다. 주준성(朱駿聲)은 《說文通訓定聲》에서 "丁은 못(鐕)이다. 상형자이다. 현재 민간에서 釘으로 쓰는데, 재질은 금속이나 대나무이다."라고 하였다.[72] 갑골문에서 대부분 天干의 명칭 가운데 하나인 丁으로 쓰인다.

갑골문 酉는 술 단지의 모양을 본뜬 것으로 위는 단지의 주둥이 언저리와 목 부분을 본떴고, 아래는 배 부분에 있는 장식 무늬의 모양을 본떴다. 《說文》에는 "酉는 성숙하다(就)이다. 八月에 기장이 익으면 술을 담글 수 있다. 고문 酉의 모습을 본떴다. 丣는 古文의 酉로 卯를 구성성분으로 한다."[73]라고 하였다. 갑골문 酉는 글자 속에서 구성요소로 쓰일 때는 '술 단지'의 의미가 있지만, 단독으로 사용될 때는 대부분 지지(地支)의 명칭 가운데 하나인 酉로 쓰인다. 이 복사에서도 앞의 丁과 함께 날짜를 나타내는 干支로 쓰였다.

██은 악기를 나타내는 南과 이를 두드리는 殳를 구성요소로 하는 모양으로 《說文》의 殸과 같다.[74] 《說文》에는 "殸은 위에서 아래로 치다이다. 일설에는 素라고 한다. 殳가 의미 요소이고 青이 성부이다."[75]라고 하였다. 이에 대해 단옥재는 《說文解字注》에서 "위에서 아래로 치면, 한가운데에 물건이 있으므로 확실히 소리가 난다."라고 하였다. 글자의 모양을 보면 殸은 鼓(북치다)와 의미가 통한다. 복사에서 殸은 빈조(賓組[76])에 속하는 정인(貞人)[77]인데, 그 가운데에서도 전빈류

---

72) "丁, 鐕也. 象形. 今俗以釘為之, 其質用金或竹若木."
73) "酉, 就也. 八月黍成, 可為酎酒. 象古文酉之形. 丣, 古文酉, 从卯."
74) 徐中舒(1988:324) 참조.
75) "殸, 从上擊下也. 一曰素也. 从殳, 青聲."

(典賓類) 복사에 가장 많이 등장하는 무정(武丁)시기 인물이다.[78]

Ａ은 목탁의 모양을 본뜬 것으로 지금의 今자이다. 《甲骨文字典》에서는 "Ａ"은 목탁 방울의 몸체이고, 一은 나무로 만든 추를 그린 것으로, 商周시대에는 목탁으로 명령을 전달했고 명령을 내리는 때가 바로 '지금(今)'이므로, '즉시(即時)'와 '이때(是時)'라는 의미가 파생된 것이라 보았다.[79] 《說文》에는 "今은 이때(是時)이다. 亼과 乁을 구성요소로 한다. 乁은 古文의 及자이다."[80]라고 하였다. 이에 대해 단옥재는 《說文解字注》에서 "今은 古에 상대적으로 부르는 명칭으로, 古는 하나의 정해진 시간이 없고, 今 또한 그 시간이 정해진 것이 없다. 이때(是時)라고 한 것은 만약 지금(目前)이라 하면, 目前이 今이 되고 目前보다 앞은 모두 古가 되기 때문이다."라고 하였다. 이 복사에서 今은 '지금'이라는 시간을 나타내는 명사로 쓰였다.

🐛는 나무가 그릇에 담겨져 있는 모양으로 者로 읽는데, 간혹 아래의 그릇을 나타내는 모양이 없는 것도 보인다. 갑골문에서는 '今者'나 '來者'처럼 시간을 나타낼 때 쓰인다.[81]

---

76) 卜辭의 시기를 구분할 때, 정인을 무리별로 분류한다. 賓組도 그 가운데 한 무리인데 賓이라는 정인의 이름을 이 무리의 대표로 삼았고, 후에 이 무리는 賓組一類, 典賓類, 賓組三類, 賓出類 등으로 세분한다.

77) 占을 칠 때, 점치는 과정을 진행하고 기록하는 사람을 가리킨다. 복사에서 첫머리에 "干支卜□貞"의 형태가 출현하는데, 여기에서 貞의 앞에 오는 □이 정인의 이름이다.

78) 黃天樹(2007:72) 참조.

79) 徐中舒(1988:574) 참조.

80) "今, 是時也. 从亼, 从乁. 乁, 古文及."

81) 落合淳思(2016:311-312) 참조.

收은 좌우 손이 나란히 있는 모습으로 拱으로 읽는다. 갑골문에서 拱은 '공급하다'는 의미로 쓰이거나, '모집하다'는 의미로 쓰인다. 대개 拱의 뒤에 동물이 나오면 '공급하다', '바치다'의 의미로 쓰이고, 이 복사처럼 人이나 혹은 衆같이 사람을 나타내는 말이 나오면 '모집하다'는 의미로 쓰인다.[82]

人 은 사람이 서 있는 것을 옆에서 본 모습을 본뜬 것으로 人자이다. 복사에서는 방향을 바꿔 人으로 쓰기도 한다. 《說文》에는 "人은 하늘과 땅 사이에 생명이 있는 것 가운데 가장 고귀한 것이다. 이것은 籒文(주문)[83]으로 팔과 다리의 모습을 본떴다."[84]라고 하였다. 이 복사에서 人은 拱의 목적어로 사람을 가리키며, '拱人'은 '사람을 모으다'는 뜻이다.

X는 숫자 五인데, 본의에 대하여 다양한 해석이 있었다. 몇 가지 예를 들면, 林義光은 《文源》에서 "五의 본의는 가로 세로로 교차하다이며, 숫자 명칭은 가차된 것이다. 二는 가로로 평평한 것을 본떴고, X는 서로 교차됨을 본떠서, 二의 평평함으로 X의 교차함을 보는 것이다."[85]라고 하였다. 朱芳圃는 《殷周文字釋叢》에서 "X는 서로 뒤얽힌 모습을 본떴고, 二는 사물 사이에 있음을 말하는 것이다. 마땅히 '뒤얽히다'를 본의로 보아야 하며, (五가) 숫자 명칭으로 쓰인 후에 경전에서는 모두 ('뒤얽히다'의 의미는) 午를 가차하여 쓴다."[86]라고 하였다.

---

82) 孟世凱(2009:229) 참조.
83) 漢字 書體의 하나인데, 太史(태사) 籒가 만들었다고 전해진다.
84) "人, 天地之性最貴者也. 此籒文, 象臂脛之形."
85) "五, 本義為交午, 假借為數名. 二象橫平, 乂象相交, 以二之平見乂之交也."

이 밖에도 여러 학자들이 다양한 풀이를 하였지만, 갑골문에 一, 二, 三 등의 숫자와 같이 ☰로 쓴 예도 보이는 것처럼, 이런 숫자들은 契刻부호에서 기원한 지사자로 '약속된 기호'로 보는 것이 타당할 것이다.

갑골문에서 千은 ∮으로 쓰는데, 一과 ∤(人)으로 구성되었으며, ∤(人)은 성부이다.[87] 《說文》에 "千은 열 개의 백이다. 十과 人으로 구성되었다."[88]라고 하였다. 《說文》에서 千을 十과 人으로 본 것은 小篆을 잘못 분석한 것이다. 갑골문에서 二千, 三千, 五千 등의 숫자는 오천을 ♣으로 쓰는 것처럼 合文의 형식으로 쓴다.

♀은 正과 足으로 함께 사용된 同形異字(동형이자)[89]이다. □와 발을 나타내는 ∀를 구성요소로 하는데, □가 사람이 사는 구역을 나타낼 때는 ∀는 공격하는 사람을 나타내어 正자가 되고, □가 사람의 다리를 나타낼 때는 ∀는 그 아래에 있는 발을 나타내어 足자로 쓰인다. 이 복사에서 正은 '정벌하다'는 의미의 征으로 읽는다.

三은 세 개의 가로획으로 숫자를 나타냈다. 《說文》에는 "三은 하늘, 땅, 사람의 도(道)를 표시하는 수이다. 세 개의 획으로 구성되었다. 弌은 고문의 三자인데, 戈를 구성요소로 한다."[90]라고 하였지만, 三은 앞에서 언급한 대로 五와 같은 指事符號로 봐야 할 것이다. 이 복사에

---

86) "乂象交錯形, 二謂在物之間也. 當以交錯為本義. 自用為數名後, 經傳皆借午為之."

87) 徐中舒(1988:219) 참조.

88) "千, 十百也. 从十, 从人."

89) 한 字形으로 두 개 이상의 단어를 나타내는 글자를 가리킨다.

90) "三, 天地人之道也. 从三數. 弌, 古文三从弋."

서 三은 數詞(수사)로 쓰였으며, '三月'은 점복이 행해진 시기를 나타
낸다.

7.5 祭祀:《10085正》제1기 典賓

그림 6《10085正》

辛酉卜, 方(賓)貞: 萃(求)年于河.

貞: 萃(求)年于夒九牛.《10085正》

신유일에 점쳐 賓이 묻는다: 곡식의 풍년을 기원하려고 黃河神에게 求
제사를 지낸다.

묻는다: 곡식의 풍년을 기원하려고 소 아홉 마리로 선조 夒에게 求제사
를 지낸다.

이 복사는 풍년을 기원하기 위해 지내는 求제사를 어느 신에게 지
낼까를 점복하는 選貞卜辭이다. 이 제사에서 사용하는 제물인 소 아
홉 마리는 첫째 복사에서 생략하였고, 둘째 복사에서는 前辭 부분에

서 '貞'만 남기고 모두 생략하였다.

갑골문 𠦪는 '빌다(祈求)'는 의미를 가진 제사동사이다. 郭沫若은 "《杜伯盨》의 '用𠦪壽匃永命'속 𠦪도 匃와 같다"라고 하였다.[91]《說文》에는 "匃는 빌다(乞)이다"[92]라고 하였다. 이 복사에서 𠦪는 '수확'을 의미하는 年을 원인 목적어로 가지는 제사동사로 쓰였다.

은 人과 禾를 구성요소로 하여, 사람이 벼를 수확하여 어깨에 지고 있는 모습을 본뜬 것으로 지금의 年자이다.《說文》에는 "年은 곡식이 익는 것이다. 禾를 구성요소로 하고, 千[93]이 성부이다."[94]라고 하였는데, 이에 대해 단옥재는《說文解字注》에서 "요순 시기에는 載라 하였다. 年은 벼가 익은 것을 한 차례 거두는 것이다."라고 하였다. 이 복사에서 年은 '곡식이 풍년이다'라는 의미이다. 갑골문에서 풍년을 나타내는 어구로 '受年'과 같은 의미로 '受禾'를 쓰기도 한다.

갑골문 河는 水와 丂를 구성요소로 하며 丂는 성부이다.《說文》에는 "河는 물길이 焞煌(돈황) 국경 바깥의 昆侖山(곤륜산)에서 시작되는데, 수원지에서부터 渤海(발해)로 흘러간다. 水를 구성요소로 하고, 可가 성부이다."[95]라고 하였다. 孫海波는《甲骨文編》에서 "卜辭의 河는 丂를 구성요소로 하며, 用法이 세 가지이다. 첫째는 商代 高祖의 이름이고, 둘째는 大河의 명칭이고, 셋째는 貞人의 이름이다."[96]라고

91) 郭沫若(1932:164) 참조.
92) "匃, 乞也."
93)《說文》小篆體의 '千'은 '人'이 잘못 변화된 것이다.
94) "年, 穀孰也. 从禾, 千聲."
95) "河, 水. 出焞煌塞外昆侖山, 發原注海. 从水, 可聲."
96) 孫海波(1982:431) 참조.

하였다. 郭沫若은《卜辭通釋》에서 "여기의 '奉年于河'와 '奉年于夒'
는 대비되므로, 河는 殷 나라의 선조임이 분명하다."[97]라고 하였다.
이 복사에서 河는 '황하의 신'을 가리킨다.

  갑골문 夒가 무엇을 본뜬 것인지에 관해서는 학자마다 의견이 다양
하다. 孫海波는 王國維가 처음에 夋으로 해석하였다가 夒로 다시
해석하고 '夒가 嚳과 가까우니, 夒는 帝嚳의 이름이다'라고 했는데,
夒로 해석하는 것이 옳다고 하였다.[98]《說文》에는 "夒는 욕심이 많은
짐승이다. 일설에는 원숭이(母猴[99]) 라고 하는데, 사람과 유사하다.
頁, 已, 止, 夊를 구성요소로 하는데 , (已 止 夊는) 손과 발이다."[100]라
고 하였다.《甲骨文字詁林》은 夒자는 猱와 獿도 되며, (《說文》의)'母
猴'는 '沐猴', '獼猴'라고 보았다.[101] 夒가 사람의 모습인지 원숭이의
모습인지 명확하지 않다. 이 복사에서 夒는 殷의 先公의 이름을 가리
킨다.

7.6 氣象:《10405反》제1기 典賓

  王固曰: 坐(有)求(咎). 八日庚戌, 坐(有)各(格)云(雲)自東, 㕡(霑)母
  (晦), 昃, 亦坐(有)出虹自北, 歓(飮)于河.《10405反》
  王이 판단을 내려 말하길 : "귀신이 일을 낸다." 과연 점을 친 후 8일째

---

 97) 于省吾(1996:1283) 참조.
 98) 于省吾(1996:1496) 참조.
 99) 段玉裁의 注에 의하면 獼猴와 같다.
100) "夒, 貪獸也. 一曰母猴, 似人. 从頁, 已, 止, 夊, 其手, 足."
101) 于省吾(1996:1499》 참조.

되는 경술일에 동쪽에서 구름이 몰려오더니, 하늘이 온통 어두워졌다. 해가 서쪽으로 기울었을 때, 북쪽 하늘에 무지개가 떠서 황하에서 물을 마시는 모양으로 드리워졌다.

그림 7 《10405反》

이 복사는 《殷虛書契菁華》에 수록되었던 것으로 소 肩胛骨의 반면에 기록된 내용이다. 앞부분의 '王固曰'을 보면, 왕이 卜兆를 보고 점복 내용에 대한 판정을 내리는 固辭에 해당하는 것을 알 수 있는데, 날이 컴컴해졌다가 또 무지개가 뜨는 상황을 불길한 기운으로 보고 있다. 당시의 자연관을 엿볼 수 있는 귀중한 자료이다.

𣥺는 裴錫圭가 求로 고석하고 咎로 풀이하였다.[102] 求와 咎는 上

古音이 모두 聲母가 群모이고 韻母는 幽부에 속하여 가차될 수 있다.

)(은 두 획이 서로 등지고 각 방향으로 펼쳐진 모양으로 八이다. 《說文》에는 "八은 나누다(別)이다. 나뉘어 서로 등진 모양을 본떴다."[103] 라고 하였다. 八이 숫자로 가차되어 자주 사용되자, 본의를 나타내기 위해 義符로 刀를 넣어 分자를 만들었다. 이 복사에서 八은 숫자를 나타낸다.

🔺은 👣(夊)와 ▭(坎)을 구성요소로 하는 各자이다. 羅振玉은 各은 발 모양이 바깥에서 (어디에) 다다르는 모양을 본뜬 것이며, 出자의 字形과 (발의 방향이) 반대되는 모양이라 하였다.[104] 복사에서 各은 格으로 풀이하여 '이르다(至)'는 뜻으로 봐야 한다.

ठ은 하늘을 나타내는 二와 구름의 기운이 회전하는 모양을 본뜬 ठ(回)를 구성요소로 하는 雲이다.[105] 《說文》에서는 "雲은 산천(山川)의 기운이다. 비(雨)와 구름(雲)을 구성요소로 하며, 구름이 회전하는 모양을 본떴다. 云은 古文으로 雨를 생략하였다."[106]라고 하였는데, 古文의 云이 갑골문과 유사하다. 이 복사에서 雲은 바로 구름을 가리킨다.

갑골문 🏠은 이 복사가 《殷虛書契菁華》에 수록되었을 때부터 해석이 분분했던 글자이다. 徐中舒는 🏠으로 보고 궁실 바깥의 윤곽 모양을 본뜬 ⌂과 👁(目)을 구성요소로 하며, 👁과 🔺(臣)이 원래 같은

---

102) 裘錫圭(1992:59-69) 釋'求' 참조.
103) "八, 別也. 象分別相背之形."
104) 于省吾(1996:778) 참조.
105) 徐中舒(1988:1251) 참조.
106) "雲, 山川气也. 从雨, 云象雲回轉形. 云, 古文省雨."

눈을 나타내므로, 이 글자를 宦자로 읽고, 貫을 가차한 것으로 보았다.[107] 《說文》에는 "宦은 벼슬하다(仕)이다. 宀과 臣을 구성요소로 한다."[108]라 하였다. 이에 대해 단옥재는 《說文解字注》에서 "옛날에는 事, 士, 仕가 같이 쓰였고, 貫과 宦도 같이 쓰였기 때문에 《위풍(魏風)》의 '三歲貫女'를 노시(魯詩)에서는 '宦女'로 썼다."라고 하였다. 徐中舒의 견해도 이에 근거한 것 같다. 宦과 貫은 上古音이 모두 元部에 속하여 발음이 가깝기 때문에, 이 복사에서 宦을 貫으로 읽고, 구름의 그림자가 지면까지 드리운 것으로 본 것이다. 孫常叙는 冒로 읽었는데 의 바깥이 〇이 아니라 〇로 양끝 획의 아랫부분이 나와 있는 모양에 근거하였다. 이 모양은 궁실의 모습이 아니고 모자의 모습이며, 그 속에 있는 눈과 함께 冒자가 된다고 본 것이다. 그리고 冒는 瞀와 동음으로 아래에 나오는 晦로 가차되는 母와 함께 '霿晦'로 풀이하였다.[109] 《說文》에는 "霿은 하늘의 기운이 땅으로 내려왔는데, 땅이 이에 호응하지 않는 것을 霿이라고 한다. 霿는 晦이다."[110]라 하였는데, 뒤에 나오는 母의 어둡다는 의미를 강조해주는 뜻이다. 둘 다 어두운 날씨 상황을 나타낸다.

갑골문 母는 (女)의 가슴 부분에 점 두 개를 넣어 로 수유하는 어머니의 특징을 부각시켰다. 간혹 머리에 비녀를 채운 모양인 로 쓰기도 한다. 上古音에서 母와 晦는 모두 之部에 속하므로 음이 가까워 서로 바꿔쓸 수 있기에 여기에서 母는 晦로 읽어야 한다. 《說文》에

---

107) 徐中舒(1988:805) 참조.
108) "宦, 仕也. 从宀, 从臣."
109) 孫常叙(1986:235-251)
110) "霿, 天气下地不應曰霿. 霿, 晦也.

서 "晦는 그믐이다. 日이 구성요소이고, 每가 성부이다."[111]라고 하였
는데, 晦는 원래 '날이 저물다'와 '밤'을 가리켰는데, 의미가 파생되어
'어둡다'의 뜻도 갖게 되었다. 갑골문에서 母는 자주 晦로 쓰이는데,
이 복사에서도 晦는 하늘이 컴컴하다는 뜻을 나타낸다.

　앞에서 各의 설명에도 언급했듯이 갑골문 出은 발을 나타내는 ∀
(止)와 ∪(坎)을 구성요소로 한다. ∪은 凵으로도 쓰는데, 초기 인류
가 혈거하던 시절의 움집의 모양을 본뜬 것이다. 出은 바로 사람의
발이 穴居地(혈거지)에서 바깥으로 나오는 모습을 본뜬 것이다.《說
文》에는 "出은 나아가다(進)이다. 풀과 나무가 더욱 늘어나 위로 나오
는 것이다."[112]라고 하였는데, 갑골문에 보이는 出의 원래 의미와는
거리가 있다. 이 복사에서 出은 '나타나다'는 뜻으로 쓰였다.

　🐉은 두 마리의 용이 머리를 반대로 한 모습인데, 무지개의 모양
을 표현한 虹자이다.《說文》에는 "虹은 무지개(螮蝀)인데, 모양이 벌
레(蟲)같다. 虫가 구성요소이고, 工이 성부이다."[113]라고 하여, 갑골의
상형을 형성의 구조로 바꾸었다. 아마 이전 사람들은 모두 무지개를
용과 같은 거대한 동물로 보았던 것 같다. 이 복사에서도 무지개(虹)
가 황하(河)에서 물을 마신다(飮)는 표현이 보이고, 비가 온 뒤 해질녘
에 무지개가 나타나는 등 이전 사람들의 천문에 대한 인식이 보인다.

　🧎 은 사람이 머리를 굽히고 혀를 내밀어 술 단지를 들고 마시려
는 모습을 본뜬 것으로 飮의 初文인 龡이다.[114]《說文》에는 "龡은

---

111) "晦, 月盡也. 从日, 每聲."
112) "出, 進也. 象艸木益滋上出達也."
113) "虹, 螮蝀也. 狀似蟲. 从虫, 工聲."
114) 徐中舒(1988:986) 참조.

마시다(歠)이다. 欠이 구성요소이고, 酓이 聲符이다."[115]라고 하였다. 이 복사에서 歙도 '마시다'는 뜻이다.

7.7 天文:《11485》제1기 典賓, 賓三

癸未卜, 爭貞: 旬亡田(憂). 三日乙酉夕, 月虫(有)食. (聞). 八月.
《11485》

그림 8《11485》

계미일에 점쳐, 爭이 묻는다 : 앞으로 열흘 동안 우환이 없을 것이다. (점친 후) 셋째 날인 乙酉일 저녁에 月食이 나타났다고 보고를 들었다. 점복을 행한 시기는 八月이다.

―――――――――――――

115) "歙, 歠也. 从欠, 酓聲."

이 복사는 열흘 동안 우환이 없는지를 점복하는 내용인데, 점사는 보이지 않고 험사 부분에서 월식을 기록하고 있다.

갑골문 夕은 반달의 모양을 본떴으며, 月의 本字[116]이다. 갑골문에서 月로 夕을 가차했는데, 武丁 시기부터 文丁 시기까지는 夕자는 항상 점을 하나 더 넣어서 月자와 구별하였고, 帝乙과 帝辛 시기에는 夕자는 점을 추가하지 않고 (오히려) 月자는 점을 더 넣어서 구별하였지만, 간혹 혼용하는 경우도 있었다.[117] 《說文》에는 "夕은 저녁이다. 달이 반만 보이는 것을 구성요소로 한다."[118]라고 하였다. 결국 갑골문에서 月과 夕은 똑같이 달의 모양을 본뜬 동형이자(同形異字)이기 때문에 문맥을 통해서 구별하는 수밖에 없다. 이 복사에서 夕은 저녁을 가리킨다.

🦻 은 꿇어 앉은 사람의 귀를 크게 그린 모습으로 '듣다'를 象形으로 표현한 글자이다. 후에 '듣다'는 의미는 자형구조를 형성으로 바꾸어, 성부를 昏이나 門으로 하고 형부를 耳로 하는 䎽과 聞자로 표현하였다. 갑골문에서 聞은 '전해듣다(聞知)', '소식(訊息)', '노예 이름'으로 쓰인다.[119] 이 복사에서는 '전해듣다'로 쓰였다.

이 복사에서 八月은 合文으로 썼다.

---

116) 假借字와 상대되는 개념으로 字形과 의미가 관련 있는 원래 글자를 가리킨다.
117) 徐中舒(1988:750) 참조.
118) "夕,莫也. 从月半見."
119) 崔恒昇(1992:344) 참조.

7.8 疾病: 《15664》 제1기 賓三 + 《13692》 제1기 典賓[120]

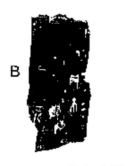

그림 9 《13692》 + 《15664》

甲辰卜,方(賓)貞: 集其疾深(深). 《15664》

갑진일에 점쳐 賓이 묻는다: 集의 병세가 심해진다.

貞: 不疾深(深). 十二月. 《13692》

묻는다: 병세가 심해지지 않는다. 점을 행한 시기는 十二月이다.

이 두 복사는 모두 腹甲 각사이다. 黃天樹가 《甲骨綴合二例》에서 綴合하였는데, 두 복사가 붙어있지는 않지만, 卜兆의 방향에 근거해 보면 천리로를 중심으로 《15664》가 오른편, 《13692》가 왼편에 있다고 보았다.[121] 두 복사는 긍정문과 부정문으로 대정을 이룬다.

갑골문 集은 ᛉ(木)위에 ᚠ(隹)가 앉아 있는 모습을 본떴다. 새는 갑골문에서 복잡한 형태인 ᚲ(鳥)로 쓰기도 하는데 같은 의미이다.

---

120) 두 卜辭의 시기를 黃天樹는 둘 다 賓三으로 보았는데, 楊郁彦(2005)도 모두 제1기로 보았지만, 조별분류에서는 각각 賓三과 典賓으로 다르게 나누었다.

121) 黃天樹(2014:330-331) 참조.

《說文》에는 "囃은 여러 새가 나무 위에 있는 것이다. 雔와 木을 구성 요소로 한다. 集은 囃의 或體로 생략된 형태이다."[122]라고 하였다. 《說文》에 여러 마리 새가 있는 囃이 있는 것처럼, 새의 습성상 나무가 여러 그루 있어도 대개는 한 나무에 모여 앉기 때문에 '모이다'는 뜻을 나타낸다. 지금 쓰는 集은 《說文》의 或體로 중복된 자형을 간략히 하여 새를 한 마리만 남긴 것인데, 갑골문 시기에도 이미 생략형 자형이 널리 사용된 것이다. 이 복사에서 集은 사람 이름으로 쓰였다.

갑골문 "𝌀"은 대부분 학자들이 罙으로 읽고, 深의 의미로 보았다.[123] 《詩經·小雅·小旻》에 "깊은 못에 임하는 듯하고, 얇은 얼음을 밟는 듯이 한다."[124]라고 하였고, 《詩經·小雅·十月之交》에 "높은 언덕이 골짜기가 되고, 깊은 골짜기가 언덕이 될 수 있다."[125]라고 하였다. 深이 薄, 高와 대비를 이루는데, 모두 '깊다'는 의미를 나타내며, 현재는 주로 淺과 대비를 이룬다. 이 복사에서 深이 疾 뒤에 나오므로, 병이 '깊다', '심하다'는 의미를 나타낸다.

十二月은 合文으로 기록했다.

---

122) "囃, 羣鳥在木上也。从雔, 从木。集, 囃或省。"
123) 李裕民(1981:292-293)〈侯馬盟書疑難字考(후마맹서의난자고)〉《古文字研究》제5집 北京 中華書局; 裘錫圭(1986:296)《甲骨卜辭》《中國大百科全書·中國文學(一)》北京 中國大百科全書出版社 등에 보인다.
124) "如臨深淵, 如履薄冰。"
125) "高岸爲穀, 深谷爲陵。"

7.9 祭祀: 《32775》 제1,2기 歷二

그림 10 《32775》

甲午卜, 又(侑)勹于子或十犬卯牛一.

갑오일에 점친다: 子或께 侑제사와 勹제사를 지내는데, 열 마리의 개와
卯한 소 한 마리로 한다.

十犬又五犬, 卯牛一.《32775》

열 다섯 마리의 개와 卯한 소 한 마리로 한다.

이 두 복사는 選貞卜辭이다. 子或께 侑제사와 勹제사를 지내는데,
희생물을 어떻게 할 것인가를 점복하는 것이다. 앞 복사에서는 희생물
로 개가 열 마리가 나오고, 뒤의 복사에서는 열다섯 마리가 나온다.
卯한 소 한 마리는 이미 기정사실화되었다. 뒤의 복사에서는 前辭인
'甲午卜'과 명사 속의 시간배경문인 '又(侑)勹于子{或}'이 생략되었다.

又는 본래 오른손을 상형한 모습인데, 갑골문에서는 하나만 나오는
경우 왼쪽과 오른쪽의 구별이 없다. 갑골문 속에서 又는 여러 가지로

읽히는데, '또'라는 의미의 又 이외에, 좌측과 상대적인 방위인 右로 쓰이고, 신령의 도움을 나타내는 祐로 쓰이고, 제사의 명칭인 侑로도 쓰인다.126) 이 갑골편의 첫째 복사에서 又는 侑로 읽는 제사명칭으로 쓰였고, 둘째 복사에서는 숫자 사이에 '또'라는 의미의 부사로 쓰였다.

갑골문 勺은 액체를 푸는 큰 숟가락 모습을 본뜬 것으로 재료인 木을 보탠 뒤에는 杓로 쓴다.127)《說文》에는 "勺은 푸다이다. 상형이다. 가운데 내용물이 있으며, 包와 같은 뜻이다."128) 라고 하였다. 이 복사에서 勺은 제사동사로 쓰였다.

子或은 제사의 대상으로 등장하는 인물이다.

 는 희생물을 둘로 가르는 모습을 추상적으로 표현한 것으로 卯자이다.129) 갑골문에서 卯는 본래의 뜻 외에 假借되어 지지의 네 번째 명칭으로도 쓰인다.

7.10 建築:《32980》제1,2기 歷二

甲午貞: 其令多尹乍(作)王宮(寢).
갑오일에 점친다: 多尹에게 왕의 寢宮(침궁)을 지으라고 명령한다.
《32980》

---

126) 徐中舒(1988:280-290) 참조.
127) 落合淳思(2016:415-416) 참조.
128) "勺, 把取也. 象形. 中有實, 與包同意."
129) 落合淳思(2016:575) 참조.

그림 11 《32980》

이 복사는 갑골문에 드물게 보이는 건축에 관한 내용을 담고 있다. 건축담당 관리인 多尹에게 王의 寢宮을 짓는 일을 맡길지를 점치는 내용이다.

🏃 은 명령을 내리는 입인 **A**와 그 아래 명령을 듣는 사람이 꿇어 앉은 모습 🏃 을 그린 令자이다. 꿇어앉은 사람의 방향은 🏃 처럼 좌우방향이 모두 가능하다. 《說文》에는 "令은 명령을 내리다이다. 亼과 卩을 구성요소로 한다."130)라고 하였다. 복사에서도 '명령하다'라는 의미로 사용되었다.

🐘 는 고기덩어리를 나타내는 두 개의 夕으로 구성된 多인데, 제사를 지낼 때 고기가 두 덩이이니 자연히 많다는 의미가 된 것이다.131) 《說文》에는 "多는 거듭하다이다. 夕을 거듭한 것을 구성요소로 한다. 夕은 서로 이어지는 것이다. 그러므로 많아진다. 夕을 거듭하면 多가 된다. 日을 거듭하면 㗊이 된다. 夥는 古文의 多자이다."132)라고 하였

---

130) "令, 發號也. 从亼, 卩."

131) 徐中舒(1988:751) 참조.

132) "多, 重也. 从重夕. 夕者, 相繹也, 故為多. 重夕為多, 重日為㗊. 夥, 古文多."

는데, 夕이 고기덩어리인 것을 제대로 파악하지 못하였다.

𠂤은 손을 나타내는 又가 막대기 모양의 丨을 쥐고 있는 모습으로 '권력을 쥐고 있는 사람'인 尹자로 읽는다. 《說文》에는 "尹은 다스리다(治)이다. 又와 丿을 구성요소로 하며, 일을 장악한 사람이다."[133] 라고 하였다. 갑골문에서도 尹은 관리를 나타내며, 이 복사에서 문맥으로 볼 때, '多尹'은 건축을 관장하는 관리인 것 같다.

𠂤은 옷을 만들 때 처음에 옷깃까지만 만든 모양을 본뜬 乍인데, 나중에 人旁을 보태 作으로 쓴 것이다.[134] 《說文》에는 "作은 일어나다(起)이다. 人과 乍를 구성요소로 한다."[135]라고 하였다. 이 복사에서 乍는 作으로 읽으며, '건물을 짓다'는 뜻이다.

𠂤은 집을 나타내는 宀과 빗자루를 나타내는 帚를 구성요소로 하는 㝱이다. 《說文》의 寢자 籀文 𠉕과 모양이 유사하다. 《說文》에는 "㝱은 눕다(臥)이다. 宀을 구성요소로 하고 㑴이 성부이다."[136]라고 하였다. 이에 대해 단옥재는 《說文解字注》에서 "寢은 누워서 쉬다(臥息)이다. 눕는 것은 반드시 집안에서 해야 하므로, 글자가 宀을 구성요소로 하며, 파생되어 궁실(宮室)의 명칭이 되었다……요즘은 모두 寢으로 쓴다."라고 하였다. 이 복사에서 㝱은 寢자로 읽으며, 寢宮을 나타낸다.

---

133) "尹, 治也. 从又, 丿, 握事者也."
134) 徐中舒(1988:888) 참조.
135) "作, 起也. 从人, 从乍."
136) "㝱, 臥也. 从宀, 㑴聲."

150 甲骨文

7.11 祭祀: 《23240》 제2기 出二

그림 12 《23240》

丙子[卜], 王貞: 翌[丁]丑彡(肜)于父丁, 亡囚(憂). 在正月.

병자일에 점쳐 왕이 묻는다: 다음 정축일에 父丁에게 彡제사를 지내면
우환이 없다. 점복을 행한 시기는 정월이다.

丙子卜,王貞: 其又囚(憂). 在正月. 《23240》

병자일에 점쳐 왕이 묻는다: 우환이 있다. 점복을 행한 시기는 정월이다.

이 복사는 亡과 其又가 대비되는 對貞卜辭인데, 긍정문에서는 時
間背景文인 '翌[丁]丑彡于父丁'이 생략되었다. 이 복사가 廩辛과 康
丁 때인 제2기에 속하므로, 복사 속의 '父丁'은 武丁을 가리킨다.

彡은 제사 명칭이다. 《說文》에는 "彡은 털 장식의 무늬이다. 상형이

다.”137)라고 하였는데, 갑골문에서는 이 의미의 글자를 가차하여 제사 명칭으로 쓰인다.138)

7.12 祭祀:《27385》제3기 何一

그림 13 《27385》

己酉卜,見貞:其又(侑)中(仲)己.《27385》
기유일에 점쳐 見이 묻는다: 仲己께 侑제사를 지낸다.

    은 눈과 끓어 앉은 사람의 모습으로 이루어진 見으로 읽는다. 《說文》에는 “見은 보다(視)이다. 儿와 目을 구성요소로 한다.”139)라

---

137) “彡, 毛飾畫文也. 象形.”
138) 徐中舒(1988:947) 참조.

하였다. 𠃊과 儿의 자형은 다르지만, 사람과 눈을 구성요소로 본 것은 갑골문과 같다. 이 복사에서 見은 貞人의 이름으로 사용되었다.

𣂉은 세발 솥 鼎의 모습을 상형한 것으로 貞으로 읽는다.《說文》에는 "貞은 점쳐 묻는 것(卜問)이다. 卜과 비용을 나타내는 貝를 구성요소로 한다. 일설에는 鼎의 생략형을 성부로 한다고 하는데 京房의 설이다."140)라 하였다.《說文》에서 일설로 인용한 京房의 견해가 오히려 갑골문의 字形에 부합한다. 복사에서는 假借되어 占卜을 행할 때 질문하는 것을 나타낸다. 貞은 점복을 기록한 복사에 가장 많이 등장하는 글자 가운데 하나이므로, 갑골문의 시기별 자형 변화를 살펴보기 좋은 대상이다. 다음은 시기별 정자의 예이다.

自組	賓組	歷組	出組			何組		黃組	
《20583》	《9951》	《34347》	《23420》	《25157》	《25204》	《28001》	《29418》	《36917》	《35777》

中己는 선왕의 명칭으로 이 복사에서 合文으로 썼다.

7.13 漁獵:《33373》제3, 4기 無名

丁巳卜, 貞: 王其田, 亡 𡦝 (災), 禽(擒).

정사일에 점쳐 왕이 묻는다: 왕이 사냥할 때 재앙이 없으면, 잡는다.

---

139) "見,視也. 从儿, 从目."
140) "貞, 卜問也. 从卜, 貝以為贄. 一曰鼎省聲, 京房所說."

王其射穆兕, 禽(擒)

왕이 穆지역의 외뿔소를 쏘면, 잡는다.

弗禽(擒)

잡지 못한다.

戊午卜, 貞: 王其田, 亡 ㅓ(災), 禽(擒).《33373》

무오일에 점쳐 왕이 묻는다: 왕이 사냥할 때 재앙이 없으면, 잡는다.

그림 14《33373》

이 복사들 가운데 첫 복사(丁巳卜)와 마지막 복사(戊午卜)는 王이
사냥을 하는데, 짐승을 잡을 수 있는지를 연이틀 점복하는 내용이다.
그리고 둘째와 셋째 복사는 왕이 외뿔소를 활을 쏘아서 잡을 수 있는지를 점복하는 내용의 對貞卜辭이다. 이 對貞卜辭는 앞의 두 복사의 빈 공간을 활용하여 기록하였다.

￼ 는 무기를 나타내는 戈와 소리를 나타내는 才를 구성요소로 하는 形聲字로 재앙을 나타내는 災로 읽는다. 갑골문에서 災는 재앙의 종류에 따라 다양한 字形으로 나타난다. (8.1.1.2의 '災' 참조.)

￼ 은 자루가 달린 그물의 모습을 그린 것으로 擒의 初文인 禽이다. 《說文》에는 "禽은 발이 달린 짐승들의 總名(총명)이다. 厹를 구성요소로 하여 象形하였다. 今은 聲符이다. 禽과 离, 兕는 머리가 비슷하다."[141]라고 하였다. 《說文》은 金文 이후에 성부 今이 추가되고 변한 小篆의 자형을 근거로 禽자를 잘못 풀이한 것이다. 卜辭에서 禽은 '포획하다'는 의미의 동사로 쓰인다.

穆은 地名으로 왕이 사냥한 지역을 가리킨다.

7.14 農業: 《36975》 제5기 黃類

己巳王卜, 貞: [今]歲商受[年]. 王固曰: 吉.
기사일에 王이 점쳐 묻는다: 올해 우리 商이 풍년을 맞는다. 王이 (복조를 보고) 판단하여 말하길: 길하다.
東土受年.
동쪽 지역이 풍년을 맞는다.
南土受年. 吉
동쪽 지역이 풍년을 맞는다. (王이 卜兆를 보고 판단하여 말하길:) 길하다.

---

141) "禽, 走獸總名. 从厹, 象形, 今聲. 禽, 离, 兕, 頭相似."

西土受年. 吉

서쪽 지역이 풍년을 맞는다. (王이 卜兆를 보고 판단하여 말하길:) 길하다.

北土受年. 吉《36975》

북쪽 지역이 풍년을 맞는다. (王이 卜兆를 보고 판단하여 말하길:) 길하다.

그림 15《36975》

이 갑골편은 첫 복사에서 殷나라 전체의 풍년에 관한 점복이 있는데 길조가 나왔다. 이후에 영토의 사방 지역에 대한 하위 점복이 시행되었고, 동쪽 지역을 제외한 지역이 모두 길조가 나왔다. 당시 사람들이 식량에 대하여 얼마나 중요하게 생각했는지를 엿볼 수 있다.

🗲은《說文》商의 고문 🗲과 유사하다.《說文》에는 "商은 바깥에서 안쪽의 상황을 예측하는 것이다."[142]라고 하였다. 갑골문에서 商은 殷의 도읍을 가리키거나, 사람 이름, 方國 이름으로 쓰인다.[143] 이 복사에서 商은 상왕이 자신에게 소속된 땅을 가리키는 것으로, 殷의 도읍만이 아니라 왕조의 모든 세력권을 가리킨다. 따라서 처음 점복 이후에 사방의 지역에 대하여 구체적으로 다시 점복을 행한 것이다.

🗲은 人과 禾를 구성요소로 하여, 사람이 벼를 수확하여 어깨에 지고 있는 모습을 본뜬 것으로 지금의 年자이다.《說文》에는 "年은 곡식이 익는 것이다. 禾를 구성요소로 하고, 千[144]이 성부이다."[145]라고 하였는데, 이에 대해 단옥재는《說文解字注》에서 "요순 시기에는 載라 하였다. 年은 벼가 익은 것을 한 차례 거두는 것이다."라고 하였다. 이 복사에서 年은 '곡식이 풍년이다'라는 의미이다. 갑골문에서 풍년을 나타내는 어구로 '受年'과 같은 의미로 '受禾'를 쓰기도 한다.

갑골문에서 吉자는 여러 가지 모양을 하고 있는데, 그 가운데 🗲이《說文》의 "土와 口를 구성요소로 한다."[146]는 자형 설명과 일치한다.

---

142) "商, 从外知內也."
143) 徐中舒(1988:215) 참조.
144)《說文》小篆體의 '千'은 '人'이 잘못 변화된 것이다.
145) "年,穀孰也. 从禾, 千聲."
146) "从土, 口."

吉의 윗부분은 ±, ᵾ, ☆ 등 여러 모양인데, 이에 대한 학자들의 의견이
다양하다. 郭沫若은《甲骨文字硏究·釋祖妣》에서 吉자는 수컷의 성
기를 본뜬 것이라 했지만[147], 대부분은 화살촉, 굽은 날 무기, 도끼와
같은 무기의 하나로 보고 있고, 아래의 ㅂ는 이것을 보관하는 그릇인
데, 무기를 거두어 보관하니 '전쟁이 없는 상태(吉)'를 나타낸다고 보
았다.[148] 하지만 吉凶의 吉이 이 자형과 어떤 관계인지는 확실하지
않다.

　갑골문 ±는 흙덩어리를 나타내는 0가 땅을 나타내는 ― 위에 있는
Ω로 썼다. 이 복사에서 ±는 '땅'의 의미로 사용되었다.

　ᛃ에 대한 풀이는 매우 다양하다. 우선 樂器(악기)로 보는 견해인
데, 아래 부분 ᗁ이 거꾸로 놓은 질그릇의 모양이고, 위의 ᛉ은 질그릇
을 매다는 끈으로 악기의 모습이라는 것인데, 어떤 사람은 이 자형이
樂器 속의 방울이라고 풀이한다.[149] 또 白川靜(백천정)은《說文》의
"초목이 남쪽으로 가면 (잎사귀가 무성해지는데) 나무의 가지가 감당
할 수 있는(任) 것이다."[150]라는 구절과 苗族(묘족)의 銅鼓(동고)를
Nan-yen으로 부르는 것에 근거하여 '南任'에서 왔다고 보았지만[151],
何九盈(하구영)은 이것이 남방 민족의 거주 양식 속 欄杆(난간)의
모습이고 '남쪽'이라는 단어는 이를 가차했다고 보았다.[152] 南의 본의

---

147)　郭沫若(1976:34-35) 참조.
148)　于省吾(1996:710-713) 참조.
149)　何九盈(2000:165) 참조.
150)　"艸木至南方, 有枝任也."
151)　白川靜(1977:153) 참조.
152)　何九盈(2000:165-166) 참조.

가 무엇이든 갑골문에서 南은 '남쪽'의 뜻으로 가차되어 사용된다.

⚆ 은 두 사람이 서로 등지고 있는 모양으로 北자 이다.《說文》에는 "北은 어긋나다(乖)이다. 두 사람이 등지고 있는 모양을 구성요소로 한다."153)라고 하였다. 이에 대해 단옥재는《說文解字注》에서 "이 글자는 모양에서 의미를 얻는다. 군대가 달아나는 것을 北이라 하는데, 파생된 의미로 패배하여 달아나는 것을 말한다.《國語》의 韋昭(위소)注에 '北은 옛날의 背자인데, 더 파생되어 북쪽이라는 의미가 되었다.'라 한다."라고 하였다. 여기에서 "北"은 "北方"의 명칭이다.

7.15 漁獵:《37365》제5기 黃類

乙亥王卜, 貞: 田疐, 往來亡災, 王固曰: 吉. 隻(獲)象十, 雉三十.

을해일에 왕이 점쳐 묻는다: 疐지역에서 사냥을 하는데, 오가는데 재앙이 없다. 왕이 (복조를 보고) 판단하여 말하길: 길할 것이다. 과연 코끼리 10마리와 꿩 30마리를 잡았다.

戊寅王卜, 貞: 田夷, 往來亡災, 王固曰: 吉.《37365》

무인일에 왕이 점쳐 묻는다: 夷지역에서 사냥을 하는데 오가는데 재앙이 없다. 왕이 (복조를 보고) 판단하여 말하길: 길할 것이다.

---

153) "北, 菲也. 从二人相背."

그림 16 《37365》

이 두 각사는 3일의 간격을 두고 사냥에 대하여 점복한 복사이다. 첫 복사는 전사, 명사, 점사, 험사가 모두 출현하는데, 을해일에 점복을 행하였고, 畾지역에서 사냥하여 좋은 결과를 얻어 코끼리와 꿩을 잡은 내용까지 기록하고 있다. 둘째 복사는 사흘 뒤인 무인일에 敼지역에서의 사냥에 대하여 점복을 행하였는데 결과는 기록하지 않았다.

田은 구획해놓은 밭의 모양으로 田자이다.《說文》에는 "田은 펼치다(陳)이다. 곡식을 심는 곳을 田이라 한다. 네 개의 口 모습을 본떴는데, 十은 밭고랑이다."[154]라고 하였다. 갑골문에 네 개의 口 형태 외에 畾, 田, 畕 등 다양한 자형이 보인다. 복사에서 田은 '곡식을 심는

---

154) "田, 陳也. 樹穀曰田. 象四口, 十, 阡陌之制也."

땅'이라는 의미 외에, '사냥을 하다'는 의미로도 쓰인다. 田이 '사냥을 하다'로 쓰일 때, 田이 구획된 사냥터이기 때문이라는 견해와 田이 '사냥을 하는 그물(网)'의 모습을 나타내기 때문이라는 견해가 있다. 이 복사에서 田은 '사냥하다'는 의미로 사용되었다.

麤과 叀는 모두 지명으로 이 복사에서는 사냥터이다. 복사에서 을 해일과 무인일에 점복을 시행한 것으로 보아, 두 지역 간의 거리는 3일의 여정이 걸림을 알 수 있다.

𧻚 은 발음을 나타내는 𡳿 (王)과 의미를 나타내는 𐤊 (止,之)로 구성된 형성자이다. 《說文》에는 "往은 가다(之)이다. 彳을 구성요소로 하고 㞢이 성부이다. 遉은 古文으로 辵을 구성요소로 한다. "155)라고 하였다. 갑골문의 자형은 설문의 성부로 쓰인 글자와 같다. 이 㞢에 대하여 《說文》에는 : "㞢은 초목이 막 자라는 것이다. 之가 흙(土) 위에 있는 것을 구성요소로 한다."156)라 하였는데, 止와 필획 一을 겸하고 있는 王을 잘못 이해하여 '초목이 무성하다'라고 의미를 잘못 풀이했다. 지금의 往자는 이동을 나타내는 止가 彳로 바뀌었고 古文 遉은 이동을 나타내는 辵이 추가된 모습이다. 이 복사에서 往은 '가다'의 의미로 쓰였다.

갑골문 災자는 큰 물을 나타내는 𣲹(川) 속에 발음을 나타내는 𡴁 (才)가 들어간 모습으로 홍수로 재앙을 표현한 형성자이다. 갑골문에서 재앙을 나타내는 글자는 다양한데, 이 복사에 보이는 자형은 제5기에만 보인다.

---

155) "往, 之也. 从彳, 㞢聲. 遉, 古文从辵."
156) "㞢, 艸木妄生也. 从之在土上."

08

甲骨文의 言語的 特徵

한자의 起源 문제에서 언급했듯이 한자는 倉頡과 같은 한 사람이 만든 것이 아니라, 여러 사람들에 의해 만들어진 것이므로 초기로 갈수록 다양한 모양을 가질 수밖에 없다. 그리고 갑골이 기록하고 있는 언어는 우리가 기록으로 접할 수 있는 가장 이른 시기의 중국어 모습을 보여주고 있어서 후대와는 다른 양상도 보인다. 이 장에서는 갑골문을 통해 당시의 문자와 언어가 어떤 특징이 있는지 살펴본다.

8.1 文字

갑골문은 한자의 기원에서 그리 멀지 않은 문자 체계이다. 따라서 형체 속에 視覺符號로서의 그림이 가지고 있는 특징을 아직도 간직하고 있다. 다음은 갑골문의 형체에 보이는 특징들이다.

8.1.1 字形이 고정적이지 않다.

8.1.1.1 部件1)의 위치가 자유롭다.

《2623》	《2688》	《32757》	《32759》

---

1) 部件은 筆劃이 조합되어 만들어지는 한자 조성 단위의 하나인데, 筆劃
   보다는 크고, 偏旁과 같거나 작은 단위이다.

好는《說文》에 "好는 아름답다이다. 女와 子를 구성요소로 한다."[2]라고 하였는데, 갑골문의 구조도《說文》에서 말한 것이 어머니와 아이로 구성되어 있다. 다만 좌우 대칭으로 점복하는 복사의 특성상 갑골문에서는 부건 女와 子의 위치가 고정되어있지 않다. 위의 자형들을보면, 女와 子가 좌우의 순서를 바꿀 수도 있고, 子의 위치도 女와평행한 것뿐만 아니라, 女의 무릎 위쪽이나 가슴 위쪽으로 다양하게나타난다.

男				
《21954》	《3452》	《3457》	《3456》	《3451》

男은《說文》에 "男은 丈夫(장부)이다. 田과 力을 구성요소로 한다. 남자가 밭에서 힘을 쓴다는 것을 말한다."[3]라고 하였는데, 갑골문의구조는 밭과 쟁기로 구성되었다.《說文》에서 力으로 설명한 것은 사실 갑골문에서 쟁기의 모습을 象形한 것이다. 이 쟁기의 모습은 후에耒(뢰)자가 되었다. 이미 발달한 농경사회였던 商代에 남자의 역할에서 가장 중요한 것이 밭에서 쟁기질하는 것이었기에 이런 자형으로표현한 것이다. 그런데 밭을 나타내는 田과 쟁기를 나타내는 力은위에 보이는 字形들처럼 서로의 위치가 다양하게 나타난다. 마지막字形의 경우에는 쟁기의 모습도 다른 네 개와 다르다.

---

2) "好, 美也. 从女, 子."
3) "男, 丈夫也. 从田, 从力. 言男用力於田也."

8.1.1.2 다양한 部件을 사용하여 동일한 단어를 나타내는 異體字가 많다.

災			
〈18741〉	〈28847〉	〈19622〉	〈33876〉

災는《說文》에는 지금과 다른 글자를 표제자로 수록하고 "烖는 자연적인 화재를 烖라하는데, 火가 구성요소이고 𢦏가 성부이다. 灾는 或體字로 宀과 火로 구성되었다 ; 𤈪는 古文인데 才를 구성요소로 한다 ; 災는 籒文으로 巛를 구성요소로 한다."4)라고 하였다.《說文》에 이미 烖, 灾, 𤈪, 災 등의 異體字를 소개하고 있는데, 갑골에서도 재앙의 종류에 따라 다르게 표현하고 있다. 첫째 자형은 집을 나타내는 宀과 불을 나타내는 火로 구성된 灾자로 가옥에 난 화재로 재앙을 표현했다. 둘째 자형은 물을 나타내는 水와 성부인 才를 사용한 形聲의 구조로 물난리를 나타내며 재앙을 표현하였다. 셋째 자형은 불을 나타내는 火와 聲符인 才를 사용한 형성의 구조로 화재를 나타내며 재앙을 표현하였다. 넷째 자형은 무기를 나타내는 戈와 聲符인 才를 사용한 形聲의 구조로 전쟁으로 인한 재앙을 표현하였다. 사용한 部件도 다양하고, 문자의 구조도 會意와 形聲을 사용하는 등 다양한 형태의 異體字를 갑골문에서 볼 수 있다. 현재도 사용하는 災는 범람한 물을 나타내는 巛와 불을 나타내는 火로 구성된 會意字로 가장 큰 자연재해인 물과 불을 구성요소로 만들어진 글자이다.

---

4) "烖, 天火曰烖. 从火, 𢦏聲. 灾, 或从宀, 火 ; 𤈪, 古文从才 ; 災, 籒文从巛."

莫						
《10729》	《29788》	《30972》	《29673》	《30113》	《27276》	《28232》

莫은 현재는 부정사로 쓰이지만, 원래 '저녁'을 나타내는 글자였다. 《說文》에 "莫은 해가 곧 어두워지려는 시간이다. 해가 풀숲에 있는 모양으로 구성되었다."5)라고 하였는데, 莫의 본래 의미와 字形 구조를 정확히 설명하고 있다. 갑골문의 자형도 기본적으로 《說文》의 구조설명과 같이 풀이나 나무 사이로 해가 떨어지는 모습을 표현하였다. 하지만 위에 보이듯 초기 문자가 가지는 특성인 다양한 異體字가 보인다. 우선 茻의 屮을 木으로 쓴 것도 있고, 屮이나 木의 숫자도 네 개인 것과 두 개인 것이 모두 보인다. 屮이나 木의 숫자가 두 개인 것도 日의 위쪽에 두 개가 나란히 있는 것과 日의 위와 아래에 각각 하나씩 있는 것도 보인다. 해를 나타내는 日도 가운데 점이 있는 자형과 없는 자형이 모두 보인다. 莫은 위와 같이 다양한 자형이 보이지만, 이들 가운데에도 반드시 지켜야 할 원칙이 있다. 즉 자형이 莫의 본래 의미인 '해가 지는 저녁'을 나타내어야 하므로 日이 반드시 木이나 屮 사이나 아래에 있어야 하고 위로 가서는 안된다는 것이다. 日이 木이나 屮 위에 있는 모습은 해가 떠있는 시간을 나타내기 때문이다. 지금 '저녁 시간'을 나타내는 暮는 莫이 자주 부정사로 假借되어 쓰이게 되자, 후대에 혼동을 피하기 위하여 日자를 더 보태어 만든 글자이다.

---

5) "莫, 日且冥也. 從日在茻中."

8.1.1.3 繁體와 簡體가 다양하다.

得			
《4719》	《30000》	《8379》	《8894》

得은《說文》에 "得은 걷다가 얻는 바가 있는 것이다. 彳을 구성요소로 하고 㝵이 聲符이다. 㝵은 古文인데 彳을 생략한 것이다."[6]이라 하였는데, 갑골문의 자형도《說文》의 설명과 같이 길을 나타내는 彳과 조개를 나타내는 貝와 이를 줍는 손을 나타내는 又로 구성되었다.[7] 다만, 《說文》에서는 㝵을 聲符로 잘못 풀이했다. 이 글자는 뜻하지 않게 길(彳)에서 당시의 화폐인 조개(貝)를 줍는(又) 모습으로 '(예상하지 않았던 것을) 얻는다'는 개념을 표현한 것이다. 이 개념의 표현에서 사실 길을 나타내는 彳은 의미를 좀 더 명확하게 드러내기 위하여 부수적으로 들어간 것이라, '얻다'는 개념의 표현에는 없어도 큰 지장이 없다. 따라서 갑골문 시기에 이미 간화하여 彳이 없는 자형이 보인다. 貝는 조개의 상형인데, 갑골문에 번체와 간체가 다양하게 보인다.

夢					
《17450》	《17471》	《32212》	《16170》	《17448》	《17264》

---

6) "得, 行有所得也. 从彳, 㝵聲. 㝵. 古文省彳."
7) 엄밀히 따지면, 《說文》에서는 貝가 모양이 비슷한 見으로 바뀌었다. 寸과 又는 한자에서 손을 나타내는 의미로 자주 혼용한다.

夢은《說文》에 "夢은 밝지 않다는 뜻이다. 夕을 구성요소로 하고 瞢의 생략형을 聲符로 한다."[8]이라고 形聲字로 풀이하고 있는데, 갑골문의 자형은 침대에서 자다가 꿈을 꿔서 놀란 모습을 그렸다. 그래서 누워있는 사람이 눈을 부릅뜨거나 머리카락이 올라간 모습 등으로 표현한 것 같다. 이 글자는 아마도《說文》에서 "寢는 자는데 깨어있는 것이다. 宀과 疒을 구성요소로 하고 夢은 聲符이다."[9]라고 한 寢이 원래 글자인 것같다. 段玉裁의《說文解字注》에서도 "지금의 이 글자는 夢을 가차해서 쓴다. 夢이 쓰이자 寢은 사라지게 되었다."라고 하였다. 위의 갑골문 자형들을 보면, 夢은 침대의 모양과 위치가 다양하고, 누워 자다가 놀란 사람의 모습 또한 '부릅뜬 모양', '눈썹이 위로 올라간 모양', '이것을 단순화한 모양' 등으로 다양하게 표현하였다. 특히 둘째 자형에서는 사람의 몸 주변에 '땀'을 나타내는 점도 보인다. 자형에서 보여주듯이 갑골문에서 夢은 '惡夢'의 개념으로 쓰였다.

學					
《27712》	《3511》	《20098》	《8304》	《16406》	《217》

學은《說文》에 斆의 篆文으로 나온다.《說文》에 "斆은 깨우치다는 뜻이다. 教와 冖을 구성요소로 하는데, 冖은 아직 몽매한 것을 나타낸다. 臼가 聲符이다. 學은 篆文인데 斆의 생략형이다."[10]라 하였다.

---

8) "夢, 不明也. 从夕, 瞢省聲."
9) "寢, 寐而有覺也。从宀, 从疒, 夢聲."
10) "斆, 覺悟也. 从教, 从冖, 冖,尚朦也, 臼聲. 學, 篆文斆省."

갑골문 자형은 배우는 장소인 ⌒(⌒⌒)과 숫자나 매듭을 나타내는 爻와 이를 가르치는 두 손인 臼로 구성되었다. 위에 보이듯 갑골문 學에는 爻를 생략하거나 ×하나만 남긴 것과 두 손을 생략한 것, ⌒⌒을 간단히 표현하거나 아예 두 손과 함께 모두 생략하고 爻만 남긴 것 등 다양한 자형이 있다. 斅이 學과 敎가 한 글자에 다 들어있듯이, 이전에 學과 敎는 같은 글자였다가 후에 분화된 것이다. 가르치고 배우는 것은 한 공간에서 동시에 일어나는 것이기 때문에 같은 모습으로 표현할 수밖에 없었을 것이다.

8.1.1.4 同形異字가 있다.

갑골문 子와 巳											
干支 子	干支 子	干支 子	干支 子	干支 巳	干支 巳	干支 巳	干支 巳	아들 子	아들 子	제사 巳	제사 巳
〈35261〉	〈2758〉	〈28060〉	〈21567〉	〈903〉	〈7350〉	〈3900〉	〈20752〉	〈21567〉	〈32782〉	〈30767〉	〈30757〉

ꙮ 는 갑골문에서 지금의 子와 巳 두 글자로 사용되었다. 이렇게 하나의 자형으로 다른 의미를 나타내는 단어를 표현할 때, 이 글자를 同形異字라고 한다. 子는《說文》에 "子는 11月에 양기가 움직여 萬物이 성장하므로 사람들이 이것으로 (11월의)호칭을 삼았다. 象形字이다. 孞는 古文의 子자인데 머리카락을 본뜬 巛을 구성요소로 하였다. 㜽는 籒文의 子자로 정수리에 머리카락이 있고, 팔과 다리가 탁자 (几)위에 놓여있는 모습이다."[11]라고 하였다. 갑골문에서는 干支의 子와 자식을 나타내는 子는 자형을 엄격히 구분하여 썼고, 干支의

巳와 제사를 나타내는 巳도 자형을 엄격히 구분하여 썼다. 그런데 자식을 나타내는 子와 干支의 巳는 오히려 🕈 하나를 썼다. 두 글자는 문맥상 혼동할 경우가 없기 때문에 사용상의 문제는 전혀 없다고 할 수 있다. 위의 자형들을 보면 큰 변화가 없는 다른 자형들과 다르게 干支의 子는 번체와 간체가 다양하게 보인다. 《說文》속 籒文의 子가 갑골문 干支의 子인 첫째와 둘째 자형에 가깝고, 古文의 子는 넷째 자형과 같다. 《說文》의 小篆은 干支의 巳와 자식을 나타내는 子로 함께 사용되는 자형 🕈 와 유사하다.

巳는 《說文》에 "巳는 巳이다. 4月에 陽气가 이미 나오고, 陰气는 이미 숨어들어, 萬物이 드러나고 아름다운 문양을 밝히므로 巳는 蛇 이다. 象形字이다."[12]이라고 하였듯이 뱀의 모습을 본뜬 모양이다. 갑골문에서 제사의 巳로 쓰이는 자형이 《說文》의 小篆과 유사하다.

8.1.1.5 合文이 많다.

三千	中丁	十三月	四祖丁
《6172》	《27177》	《9814》	《36261》

갑골문에는 후대의 문자에서는 거의 보이지 않는 合文이 많이 보인

---

11) "子. 十一月陽气動, 萬物滋, 人以爲偁. 象形. 孚, 古文子, 从巛, 象髮也. 𦳋, 籒文子, 囟有髮, 臂, 脛在几上也."
12) "巳, 巳也. 四月陽气巳出, 陰气巳藏, 萬物見, 成文章, 故巳爲蛇. 象形."

다. 合文은 한 글자가 들어갈 자리에 여러 글자를 함께 쓰는 것을 가리키는데, 갑골문에서 숫자, 月名, 조상 이름 등은 대부분 이런 형식을 취한다. 위의 合文 가운데 셋째 자형과 넷째 자형은 세 글자를 合文으로 쓴 것이다.

8.1.2 그림과 같이 공간성을 가지고 있다.

8.1.2.1 하나의 자형으로 상반된 개념을 표현하기도 한다.

갑골문은 모양으로 의미를 나타내는 대표적 형의문자(形義文字)이다. 그런데 어떤 동작을 모양으로 나타내려면 정지된 화면으로 표현할 수 밖에 없기 때문에 동작의 방향성을 구별해줄 수 없다. 따라서 受(수))자 같은 경우, '주다'와 '받다'라는 동작을 동시에 담고 있을 수밖에 없다.

그림 1 《10024正, 反》

庚申卜, 貞: 我受黍年. 三月.《10024正》

경신일에 점쳐 묻는다: 우리가 기장의 풍년을 맞는다. 점복을 행한 시기
는 삼월이다.

受는《說文》에 "受는 서로 주고받다는 뜻이다. 爪를 구성 요소로
하고, 舟의 생략형을 聲符로 한다."13)라 하였는데, 갑골문 자형도 이
와 같다. 이 복사에 보이는 受(수)도 배와 그 위와 아래의 손으로
구성된 글자인데, 배 위에서 주고받는 교역의 장면을 통해서 '주다'와
'받다'는 의미를 모두 나타낸다. 후에 이 글자는 의미의 혼동을 피하기
위하여 원래 자형인 受는 '받다'는 의미로만 쓰고, 손을 나타내는 扌를
보태어 만든 授(수)로 '주다'는 의미를 나타내게 되었다.

受			
《6520》	《33240》	《27421》	《31210》

이렇게 한 글자가 상반된 의미를 모두 나타내는 것은 그림에서 출발
한 한자가 가지고 있는 특성인데, 후대의 학자들은 이를 反意相訓(반
의상훈)이라는 용어로 풀이하였다.

8.1.2.2 글자의 변화를 통해서 의식의 변화를 추적할 수 있다

갑골문을 통해서 우리는 중국 고대 사회에 대한 인식의 폭을 확장할

---

13) 受, 相付也. 从受, 舟省聲.

수 있다. 아래의 災(재)자와 賓(빈)자의 갑골문과 후대 문자들과의
비교를 통해서 우리는 재앙과 손님에 대한 고대인들의 인식의 변화를
확인할 수 있다.

갑골문에서 재앙을 나타내는 글자는 화재, 홍수, 전쟁 등으로 나누
어 표현하였는데, 전국시대에는 홍수와 화재를 모두 합한 燄자로 표현
하였음을 알 수 있다. 설문해자에서는 火가 주가 되어 災, 烖, 灾,
烖가 보인다. 예서에서는 灾와 災만 보인다. 이런 문자의 변화 현상을
통해서 당시 사람들이 재앙으로 생각한 것이 어떻게 변하였는지 엿볼
수 있는 것이다.

災자의 자형변화					
《18741》	《28847》	繹山碑(篆)秦	說文古文	說文·火部	白石神君碑(隷)東漢
《19622》	《33876》	說文籀文	說文或體	說文·川部	鄭固碑(隷)東漢

賓은 《說文》에서 "賓은 공경하는 바이다. 貝를 구성요소로 하고,
宀이 聲符이다. 寳은 古文이다."[14]이라 하였는데, 갑골문에는 돈을
나타내는 貝는 보이지 않는다. 갑골문은 주거지를 나타내는 宀과 그
안에 집에 찾아온 사람의 모습으로 손님을 표현했고, 간혹 발을 나타
내는 止를 추가하여 '찾아오다'는 의미를 보강하였다. 그런데 周代

---

14) "賓, 所敬也. 从貝,宀聲. 寳,古文."

금문에 와서는 집으로 온 사람과 그 아래에 화폐를 나타내는 貝가 추가되어, 남의 집을 방문할 때 선물을 가져가는 幣帛(폐백)이라는 당시의 예절을 반영하였다. 周代에 禮法이 정비되어 가고 있음을 이 러한 문자의 자형 변화를 통하여 확인할 수 있는 것이다.

賓자의 자형변화						
《16977》	《23448》	《35632》	小盂鼎 西周早期	郄王糧鼎 春秋早期	說文古文	說文· 貝部

8.2 言語

갑골문을 통해서 후대 중국어와 다른 상대 중국어의 특징을 알 수 있다.

8.2.1 인칭 대명사의 數와 格

인칭대명사는 數(수)와 格(격)이 엄격히 구분되어 사용되었다.

인칭	대명사	상고음	대명사	상고음	대명사	상고음
1인칭	我	ŋa	余(予)	ʎĭγ	朕	d'ĭəm
2인칭	爾(尔)	ŋĭa	汝	ŋĭa	乃	nə

위에 보이는 갑골문 속 인칭 대명사는 현대 중국어와 다르게 수와 격에 따라 상보적으로 사용된다. 즉 1인칭 대명사는 我(아)는 복수로 쓰이고, 余(여)와 朕(짐)은 단수로 쓰이는데 朕은 소유격에 余는 주격

과 목적격에 쓰인다. 2인칭 대명사의 경우에도 爾(이)는 복수로 쓰이고, 汝(여)와 乃(내)가 단수로 쓰이는데 乃는 소유격에 汝는 주격과 목적격으로 엄격하게 그 쓰임이 나뉘어 있다. 이러한 갑골문 속 인칭대명사의 특징은 이 시기 중국어가 굴절성을 가지고 있는 증거의 하나로 볼 수 있다.15)

8.2.2 목적어의 갯수

갑골문의 어순은 고대 중국어나 현대 중국어와 마찬가지로 주어+동사+목적어를 기본으로 한다. 다만 고대 중국어나 현대 중국어는 최대두 개의 목적어를 가질 수 있는데, 갑골문은 세 개의 목적어까지 가질수 있다. 아래는 목적어를 하나, 둘, 세 개를 가지는 문장의 예이다.

8.2.2.1 S+V+O

貞: 我其喪衆人 《50正》
묻는다: 우리가 衆人을 잃는다.

己巳卜, 貞: 余受年. 《21747》
기사일에 점쳐 묻는다: 내가 풍년을 맞는다.

첫째 복사에서는 我가 주어, 喪이 동사, 衆人이 목적어이다. 둘째복사에서는 余가 주어, 受가 동사, 年이 목적어이다.

---

15) 백은희(2010:268) 참조,

8.2.2.2 (S)+V+O1+O2

貞: 日于父甲羌, 王受又.《27463》

묻는다: 父甲에게 羌족으로 日제사를 지내면, 왕이 하늘의 도움을 받는다.

이 복사는 목적어를 두 개 가지고 있다. '父甲'이 제사대상 목적어이고, '羌'이 희생물 목적어이다. 후대 중국어의 雙賓語文(쌍빈어문)[16]의 어순과 같이 '동사+간접목적어+직접목적어'의 어순이다.

8.2.2.3 (S)+V+O1+O2+O3

癸酉卜: 其禱田父甲一牛《28276》

계유일에 점친다: 사냥을 위해 父甲에게 소 한 마리로 禱제사를 지낸다.

이 복사는 목적어를 세 개 갖고 있는데, '田'이 원인 목적어, '父甲'이 제사대상 목적어, '一牛'가 희생물 목적어이다.

8.2.3 특이 語順

한편 갑골문에는 일반적인 SVO 어순과 다른 어순도 적지 않게 보인다. 아래는 각각 선진 한문이나 현대 중국어와는 다른 어순의 예이다.

8.2.3.1 主語後置

戊申卜, 貞: 受年王.(正)

貞: 呼婦井黍, 受年…(反)《英810》

---

16) 목적어가 2개 출현하는 문장을 가리킨다.

무신일에 점쳐 묻는다: 왕께서 풍년을 맞는다

묻는다: 婦井을 시켜 기장을 심는다. ( )가 풍년을 맞는다.

일반적인 어순은 '王受年'인데 주어인 王이 목적어 뒤에 위치했다.

8.2.3.2 賓語前置

王勿唯沚戛比伐巴方, 帝不我其受佑《6473正》

왕께서 沚戛과 함께 巴方을 치지 않는다. 상제가 우리에게 도움을 주지
않는다.

王穽麋.

貞:其麋穽《10361》

왕께서 고라니를 함정으로 잡다.

묻는다: 고라니를 함정으로 잡다.

두 복사 모두 목적어가 동사 앞에 놓였다. 앞 복사의 경우 일반적
어순은 '比沚戛伐巴方'인데 沚戛과 比의 순서가 바뀌었다. 복사에서
는 대개 부정문에서 焦點標識(초점표지) '勿唯'를 써서 빈어를 前置
(전치)시키는 예가 많이 보인다. 이 복사의 뒷 구절에서도 受의 목적
어 我가 동사 앞에 놓였는데, 고대 중국어에서도 부정문에서 대명사
빈어가 동사 앞으로 가는 것과 같은 현상이다. 뒤의 복사에서는 앞
구절에서는 목적어 麋가 동사 穽의 뒤에 왔지만, 뒤의 구절에서는
穽의 앞에 위치한다. 이 복사에서 전치된 목적어 앞에 '其'가 왔는데,
이 '其'를 목적어를 전치시키는 焦點標識로 보는 견해도 있다.

8.2.3.3 時間詞後置

癸亥貞: 酒彡翌甲子. 《34506》

계해일에 묻는다: 다음 갑자일에 酒제사와 彡제사를 지낸다.

일반적으로 문장의 앞에 오는 시간사인 '翌甲子'가 문장의 뒤에 위치한다.

09

甲骨文 文字考釋 方法論

갑골문 발견 이래로 文字의 考釋은 많은 성과가 축적되었다. 앞에서 대표 학자들을 소개할 때 부분적으로 언급을 했지만, 본 절에서는 연구 방법을 문자의 삼요소인 形, 音, 義를 중심으로 나누어 소개한다.

9.1 字形을 근거로 하여 글자를 분석하는 방법

우리가 알지 못하는 글자라고 말하는 것은 대부분 字形을 마주하였는데 그 발음이나 의미, 혹은 둘 다를 모른다는 것이다. 따라서 객관적인 대상은 字形뿐일 경우가 많으므로 늘 글자 분석의 중심이 된다. 따라서 초기 갑골문의 연구에서 대부분의 학자들은 字形을 근거로 하여 글자를 考釋했다. 같이 자형을 근거로 하였지만, 근거하는 단위의 차이에 따라, 자형비교법(字形比較法), 편방분석법(偏旁分析法), 기인분석법(基因分析法)으로 다시 나눌 수 있다.

9.1.1 字形比較法

字形比較法은 고문자 연구의 기초가 되는 자형을 근거로 하고, 모든 학문의 기본이라고 할 수 있는 比較, 對照를 결합한 방법이다. 대상 자형을 다른 자형들과 통시적, 공시적으로 대조해 고석하는 방법으로 對照法(대조법)이라고도 부른다. 形態가 유사한 자형을 앞선 시기의 자형이나 후대의 자형에서 찾아서 聯繫(연계)해 보는 것이 통시적 비교라면 같은 시기의 자형 속에서 같은 것이나 차이가 나는 것을 찾아 대조해 보는 것은 공시적 비교라고 볼 수 있다. 이집트 상형문자를 처음 풀이한 샹폴리옹이 로제타스톤(Rosetta Stone)에 새겨진 상형문자와 민중문자 그리고 그리스문자 세 종류를 비교한 것도 언어를 기반으로 한 것이지만 對照法의 한 방법이라 볼 수 있다. 중국에서도 《說文》에서 小篆, 古文, 籒文등의 자체를 가급적 모두 수록하여, 자형을 서로 비교해볼 수 있게 하였고, 古文, 篆文, 隸書 세 종류의 자체로 경서를 새긴 魏나라 三體石經(삼체석경)[1]도 字形을 서로 직접 비교해 볼 수 있게 제공된 편리한 자료로 볼 수 있다.

  孫詒讓, 吳大澂(오대징), 羅振玉 등 초기의 연구자들은 未識字(미식자)[2]의 字形을 已識字(이식자)[3]의 자형과 比較하여 考釋하는 방법으로 많은 글자를 밝혀냈다. 孫詒讓이 《契文舉例》에서 갑골문의 未識字들을 각각 金文의 甲, 丙, 丁, 戊, 庚, 辛, 壬, 癸와 비교하고, 《說文》古文의 子, 申, 亥, 帝, 我 및 《說文》篆文의 羌, 啓, 牢, 受와 비교하여 정확히 考釋해낸 것은 통시적 비교 연구의 대표적 성과라고 할 수 있다. 于省吾가 《甲骨文字釋林·釋心》에서 갑골문 心과 貝를 서로 비교하였는데 공시적 자형 비교 연구의 훌륭한 예라고 볼 수 있다. 于省吾는 각각의 글자가 출현하는 言語環境과 이것들이 偏旁으로 쓰인 글자들을 분석 비교하여 貝자로 잘못 考釋된 心자를 많이 구별해 내었다. 于省吾 《甲骨文字釋林·釋屯春》은 통시적 비교와 공시적 비교를 모두 사용한 예이다. 갑골문 𒀱 에 대하여 학자들의 의견이 다양하였다. 王襄은 矛자로, 唐蘭은 '돼지(豕)모양인데 다리가 없고 거꾸로 쓴 형태'[4]로, 董作賓은 餧矛로, 郭沫若은 婦丿로 보았다.

---

1) 삼체에서 고문은 鳥跡과 蚪體이고, 전서은 史籒와 李斯, 胡母敬체이며, 예서는 程邈체이다.
2) 아직 解讀(해독)이 되지 않은 글자를 가리킨다.
3) 이미 解讀(해독)이 된 글자를 가리킨다.

于省吾는 우선 갑골문에 보이는 모든 字形 資料를 추출하고, 상주시대 금문과 설문해자 등에 나오는 자형들과 함께 시대순으로 배열하였다. 그리고 《說文》에서 "萅은 밀어내다는 뜻이다. 艸와 日을 구성요소로 하는데, 艸는 봄에 나온다. 屯은 聲符이다."[5]라고 한 것과 갑골문에 자주 등장하는 '今屯', '來屯'을 비교하여 ᠄이 春자의 聲符로 쓰인 屯임을 밝혔다.

于省吾가 인용한 屯의 자형 자료는 다음과 같다.

屯			
갑골문	상대금문	주대금문	설문해자
᠄ ᠄ ᠄ ᠄ ᠄	᠄ ᠄ ᠄ ᠄	᠄ ᠄ ᠄ ᠄ ᠄ ᠄	屯

다음은 실제 출토 문자에서 추출한 春자의 字體 變化過程이다.

春							
《8582正》	《30851》	蔡侯墓殘鐘四十七片春秋晚期	欒書缶春秋	包2.240戰國.楚	郭.六.25戰國.楚	說文·艸部	老子乙前85下西漢

9.1.2 偏旁分析法

漢字자형의 內部構造 分析을 통해 글자를 고석하는 방법이다. 合體字[6]를 最小의 音義單位인 偏旁으로 분석하는 것인데, 요즘은 字

---

4) 豕形無足而倒寫者
5) "萅,推也. 从艸从日,艸春時生也, 屯聲."

形構造의 최소 단위를 部件으로 나누므로 部件分析法이라 부르기도
한다. 이 방법은 그 역사가 상당히 오래되었다. 이미 선진시기에 한자
를 분해하여 글자의 의미를 설명하는 방법이 널리 사용되었다. 다음
《左傳》의 풀이가 그 예이다.

"夫文, 止戈爲武."《左傳 · 宣公12年》
글자로 보면 止와 戈가 합쳐진 것이 武자이다.

"于文, 皿蟲爲蠱."《左傳 · 昭公元年》
글자에서 皿과 蟲이 합쳐진 것이 蠱자이다.

뿐만 아니라, 한대 문자학의 대표저서인《說文解字》도 기본적으로
漢字의 字形構造를 분해하여 形, 音, 義의 관계를 설명하고 있다.
갑골문을 偏旁 분석을 통해서 考釋한 것으로는 唐蘭이《古文字學
導論》[7]에서 갑골문 偏旁 斤을 모두 추출하여 斤자의 변화 과정을
밝히고, 아울러 偏旁으로 斤이 들어간 글자들을 考釋하였다.
당란이 갑골문에서 추출한 斤자와 斤이 편방으로 들어간 글자들은
다음과 같다.

斤
气 亻 勺

---

6) 合體字는 두 개 이상의 獨體字(독체자)로 구성된 글자를 가리킨다. 獨
   體字는 더 이상 偏旁으로 나눌 수 없는 글자를 가리킨다.
7) 175-195쪽.

다음은 실제 고문자 자료에서 추출한 斤자의 자형변화 과정이다.

斤					
《3311》	《21954》	征人鼎 西周早期	仕斤徒戈 戰國早期.齊	說文·斤部	1號墓竹簡295 西漢

于省吾은《甲骨文字釋林·釋心》에서 갑골문 心자를 考釋하였는데, 갑골문과 商代 金文에서 心자와 心이 편방으로 들어간 글자에서 心을 추출하여, 혼동하기 쉬운 갑골문 貝자와 비교하였다. 다음은 그가 분석한 자형의 예이다.

갑골문 心				갑골문 貝	상대 금문 心	

위에서 보이듯이 갑골문의 貝는 心과 유사하지만 한쪽이 붙어있고 떨어져 있는 차이가 보인다. 이것은 같은 시기의 갑골문과 金文을

모두 비교하여 얻은 합리적 결론이다. 두 글자 모두 실제의 모습을 상형한 것으로, 두 글자의 차이는 이후에도 명확히 구분되었다. 出土資料를 통해서 본 두 글자의 변화과정을 다음과 같다.

心					
《6》	《16407》	師望鼎 西周中期	散氏盤 西周晚期	王孫遺者鐘 春秋晚期	說文·心部

貝						
《29694》	《8490》	《18341》	戊寅作父丁方鼎 商代晚期	成B180鼎 商代晚期	刺鼎 西周中期	說文· 貝部

9.1.3 基因分析法

基因分析法(기인분석법)은 龍宇純(용우순)이 그의 《中國文字學》[8)에서 처음 제시한 고문자 고석방법이다. 갑골문과 같은 초기 문자의 여러 자형들은 어느 것이 최초의 것인지 알 수 없으므로, 우선 유사한 글자의 자형을 모두 수집하고 서로 비교하여 가장 기본이 되는 구조성분을 추출한다. 이 기본 구조성분이 바로 基因이며, 이 기인을

---

8) 161-166

바탕으로 하여 자형들 간의 변화 흔적을 가늠하여 글자를 고석하는 것이다. 다음은 龍宇純이 추출한 갑골문 岳자 자형이다.

이 글자들을 孫詒讓은 岳으로, 羅振玉은 羔로, 郭沫若은 로, 于省吾는 冥으로 풀이하는 등 의견이 다양하였는데, 屈萬里[9]가 통계적으로 분석하여 위는 첩첩이 쌓인 산의 모습이고, 아래는 火와 山의 모습이라고 밝혔다. 그런데 火는 자형이 山과 비슷하여 혼용된 것이므로 이 글자들은 모두 岳이라고 밝혔다. 龍宇純은 屈萬里의 견해가 옳은데, 다만 의 가운데 이 산 위에 있는 나무를 나타낸다고 한 것은 잘못이고 멀리 보이는 산봉우리를 나타낸다고 하였다. 이 글자의 基因이 산 뒤에 또 산이 있는 모양인 이고, 다른 자형들은 山을 다양한 형태로 추가한 것이라는 것이다.

다음은 出土資料에 보이는 岳자의 자형변화과정이다.

岳			
《33850》	郭.六.36 戰國.楚	說文古文	耿勳碑 東漢

---

9) 屈萬里(1980:297-300) 참조.

9.2 字音을 중심으로 글자를 분석하는 방법

9.2.1 假借釋讀法

일찍이 羅振玉이 복사를 고석할 때 제시한 '三難' 가운데 하나로 복사에 假借字가 많다는 것을 꼽았다.[10] 실제 姚孝遂가《殷虛書契菁華》를 대상으로 조사한 바에 의하면 假借字가 갑골문의 74%를 차지하고 있다고 보았으나, 李孝定은 해독가능한 1,225개 갑골문 가운데 129개를 假借字로 분류하여 전체의 10.6%만 가차자로 보았다.[11] 鄒曉麗·李彤·馮麗萍은 徐中舒의《甲骨文字典》에 수록된 2,703개의 갑골문 중 판정할 수 없는 글자를 제외한 1,154개를 대상으로 조사하여 순가차자 123개, 반가차자 240개, 가차 가능성이 있는 자 177개를 분석하였는데, 전체 글자의 46.8%를 차지한다. 假借字 비율의 차이는 가차에 대한 연구자들의 기준이 제각각 때문이지만, 우리는 갑골문의 고석에서 假借를 고려하지 않을 수는 없다. 본서에서 본 ⟨圇⟩(霧)와 母(晦)의 경우에도 무엇을 가차했는지에 대하여는 이견이 있지만, 모두 가차되었다는 데는 학자들의 이견이 없다.

갑골문에 많이 보이는 ⟨⟩《18813》, ⟨⟩《7897》, ⟨⟩《35428》에 대하여 처음에는《說文》의 "卒은 하급관리와 급사자의 옷이 卒인데서 나왔다. 卒은 표지가 있는 옷을 입었다."[12]라는 구절에 근거하여 卒로 풀이하였지만, 羅振玉[13]은 이 글자가 衣로 옷깃의 왼쪽과 오른쪽이

---

10) 鄒曉麗·李彤·馮麗萍(1999:62) 참조.
11) 鄒曉麗·李彤·馮麗萍(1999:63) 참조.
12) "卒, 隸人給事者衣爲卒. 卒, 衣有題識者."
13)《殷虛書契考釋》中42下.

서로 맞물리는 모습을 상형하였다고 했다. 이후 대부분의 학자들이 자형상으로 衣로 고석하는 것에 동의하였지만, 복사에서의 용법은 옷과는 거리가 있었다. 王國維[14]는 자형상 衣자인데, 복사에서 殷으로 읽어야 하며 제사 명칭으로 쓰였음을 증명하였다. 특히 王國維는 衣가 殷으로 가차된 증거로, 《尙書·康誥》의 '殪戎殷'을 《中庸》에서는 '壹戎衣'로 썼고, 鄭玄의 注에 '齊나라 사람들은 殷을 衣처럼 읽는다'[15]라고 한 것을 들고 있다.[16] 실제 두 글자의 上古音을 보면 상당히 가까워 假借가 가능하다. 衣와 殷은 상고음의 聲母가 影으로 같고 韻母는 주요모음이 동일한 微부와 文부이다.[17] 이후에 금문에서는 《天亡簋》의 '不克乞衣王祀'처럼 '殷王'을 '衣王'으로 기록한 것이 자주 보이는데 하나의 방증으로 볼 수 있다.

범위를 금문으로 확대해보면. 같은 기물에서도 다른 글자로 가차하여 사용한 경우와 다른 기물에서 가차한 것 등 가차의 방법이 다양하게 보임을 알 수 있다. 첫째의 예로는 白簋에서는 蓋銘에서 '白達作寶簋'라고 한 것을 器銘에는 '白達作寶羔'라 하여, '羔'로 '簋'를 가차하였다. 상고음에서 두 글자는 성모가 모두 見모이고 운부가 각각 宵부와 幽부로 인접하여 가차할 수 있는 것이다. 둘째의 예로는 裏鼎에서는 '其眉壽无期'라고 하고, 子璋鐘에는 '其眉壽无基'라고 하였는데, '基'와 '期'도 가차관계이다. 상고음에서 두 글자는 운부가 모두 之부이

---

14) 《殷禮徵文》6.

15) '齊人言殷聲如衣'

16) 于省吾(1996:1903) 참조.

17) 郭錫良(2011: 99, 372)은 衣의 상고음을 影微로, 殷의 상고음은 影文으로 擬音하였다.

며, 성모는 각각 見모와 群모로 같은 喉音에 속하는 밀접한 관계이다.

이렇듯 고문자 시기에 가차가 활발히 사용되었으므로, 갑골문의 고석에서 가차는 반드시 고려해야할 요소인 것이다.

9.2.2 諧聲分析法

鄒曉麗·李彤·馮麗萍은 갑골문에서 273개의 形聲字를 분리하여 聲符를 175개 추출하였는데, 이 가운데 3개 이상의 형성자를 구성하는 성부가 16개로 전체의 9.7%를 차지하고 한 글자만 구성하는 것이 120개가 된다고 하였다.[18] 실제로 갑골문을 보면, 한 글자를 象形과 形聲 두 가지 방법으로 만든 것이 보인다. 鷄자의 경우도 제1기에는 닭의 모양을 그대로 그린 상형자였다가 제3기 이후로는 성부 奚를 추가한 자형을 사용하였다.[19] 星자의 경우에는 제1기부터 성부인 生이 들어간 형성자와 상형으로 쓰인 晶자가 같이 쓰였다.[20] 이런 글자들을 고석할 때는 諧聲[21]관계를 반드시 고려해야 할 것이다. 다음에서 諧聲관계를 이용하여 𣏾자의 본의를 파악해보자. 이 글자가 朕자라는 데에는 학자들의 이견이 없다. 다만 본의가 무엇인지에 대해서는 의견이 분분하다. 《說文》에도 "朕, 我也. 闕."이라 하였는데, 글자의 자형 구조를 통해서 의미를 알 수 없을 경우 허신이 '闕'이란 표현을 사용하였다. 이에 대하여 단옥재는 《說文解字注》에서 "내 생각에 朕

---

18) 鄒曉麗·李彤·馮麗萍(1999:54-55) 참조.
19) 徐中舒(1988:394-395) 참조.
20) 徐中舒(1988:742) 참조.
21) 諧聲(해성)은 주로 音韻學에서 形聲을 가리키는 말이다.

이 舟部에 있으니, 그 뜻은 당연히 배의 틈(舟縫)이라고 해야한다.
舟가 구성요소이고 朕이 성부이다. ”라 하였다. 邵瑛의 《羣經正字》에
서도 “經典에서는 줄여서 朕이라고 쓰는데, 正字는 艅이라 써야 한
다.”고 하였다. 朕자의 편방인 月이 舟에서 온 것은 분명한데, 聲符라
는 朕에 대해서는 더 고찰해 볼 필요가 있다. 그럼 우선 《說文》에서
朕이나 朕이 편방으로 들어간 글자[22]들을 살펴보자.

> 朕, 我也闕. 直稔切 (古)定侵
>
> 倴, 送也. 從人朕聲. 呂不韋曰“有侁氏以伊尹倴女”.古文以爲訓字. 以
> 證切
>
> 滕, 水超湧也. 從水朕聲. 徒登切 (古)定蒸
>
> 騰, 傳也. 從馬朕聲. 徒耐切 (古)定蒸
>
> 縢, 徒登切 (古)定蒸
>
> 賸, 物相贈加也, 從貝朕聲. 一曰送也. 副也. 徒登切, 以證切, 食陵切
> (古)定蒸 (古)船蒸
>
> 謄, 迻書也. 從言朕聲. 徒登切 (古)定蒸
>
> 塍, 稻中畦也. 從土朕聲. 食陵切 (古)船蒸
>
> 勝, 任也. 從力朕聲. 詩證切 (古)書蒸
>
> 螣, 神蛇也. 從虫朕聲. 徒登切, 徒得切 (古)定蒸
>
> 送, 遣也. 從辵朕聲. 𤫊 籀文不省, 蘇弄切 (古)心東
>
> 栚, 槌之橫者也. 從木朕聲. 直稔切 (古)定侵

---

22) 이 글자들의 의미와 독음은 다음과 같다. 倴 보낼 잉; 滕 물 솟을 등;
騰 오를 등; 縢 봉할 등; 賸 남을 승{잉,싱}; 謄 베낄 등; 塍 밭두둑 승;
勝 이길 승; 螣 등사 등; 送 보낼 송; 栚 잠박의가로대짐

이 글자들은 의미에 따라 이동의 뜻이 있는 것과 그렇지 않은 것
두 부류로 나눌 수 있다.

    騰, 滕, 縢, 送, 膽 [+移动]
    腠, 縢, 勝, 鰧, 栚 [-移动]

그리고 이 글자들의 독음을 보면, 声母가 定, 船, 書, 心모에 속하고,
韵母는 蒸, 東, 侵부에 속하여 음운상으로 아주 가까운 관계이다.[23]
蒸部와 侵部는 주요모음이 같고, 東部는 侵部에서 分化한 冬部와
가깝다. 따라서 의미관계가 없는 글자들에서 朕이나 龺은 聲符로만
사용되었을 것이라고 추정할 수 있다.

그리고 竟成(1996)에 의하면 고대 중국어에서 일인칭 대명사는 讀
音(독음)상 특징이 있는데, 聲母가 두 종류라는 것이다. 즉 餘모(朕,
余, 予)와 疑모(我, 吾, 卬)이다.[24]

또 《爾雅·釋詁43》에 "吾台予朕身甫余言我也." 《爾雅·釋詁45》
에 "台朕賚畀卜陽予也."라는 기록이 보이는데, 晉 郭璞의 《爾雅注》
에는 "賚卜畀皆賜予也."라고 하였다. 이에 대하여 淸 郝懿行의 《爾
雅義疏》에는 "台朕陽爲予我之予, 賚畀卜爲賜予之予. 一字兼包二
義."라 하였다. 이것과 宋 刑昺이 "予即與也. 皆謂賜賜與. 台者, 遺與
也. 讀與貽同. 朕者, 我與之也. 賚畀卜, 皆賜与也."라 하였다. 이 내용들

---

23) 上古音은 郭锡良(2011)의 擬音을 근거로 하였다.
24) 王力은 朕의 上古音을 侵部定紐로 余予의 상고음은 魚部余紐로 擬音
    하였는데, 余는 喩四에 해당하여 曾運乾의 '喩四歸定'설을 적용하면
    余와 朕은 雙聲관계가 된다.

을 종합해보면,《爾雅·釋詁》에서 朕이 두 번 출현하는 것은 1인칭 대명사로 쓰이는 것과 '주다'는 의미로 쓰이는 것을 구별하여 나타냈기 때문이다. 그리고 한자에서 1인칭 대명사와 '주다'는 의미를 겸하는 글자들이 많다.《爾雅·釋詁43》의 글자들은 모두 1인칭 대명사이고,《爾雅·釋詁45》의 글자들은 모두 '주다'는 의미이다.25) 郝懿行이 '一字兼包二義'라고 언급하였지만 정확히 구분하지는 못하였다. 결론적으로《爾雅》를 통해서 우리는 朕이 1인칭 대명사로 쓰이는 것 외에 '주다'는 의미를 가지고 있음을 알 수 있다.

9.3 字義를 중심으로 글자를 분석하는 방법

이 방법은 辭例歸納法 혹은 推勘法이라고 하는데, 字形이 온전하지 않거나 모호할 경우, 혹은 字形은 명확하지만 후대에 이어지는 글자가 없을 경우, 또는 자형을 통해서 의미를 확정하기 어려울 경우에 사용한다. 이런 경우에는 字形의 層位(층위)가 아니라 글자가 표현하는 언어의 層位에서 문제해결의 단서를 찾을 수 밖에 없다. 따라서 모르는 글자가 출현하는 언어 맥락 속에서 문장을 分析하고, 比較하고, 歸納하여 개별 글자를 考釋한다. 구체적으로는 언어 맥락과 구체적 문장 속에서 글자의 의미 범주를 추정하고, 이로부터 자형과 독음을 확정한다. 그리고 마지막으로 같은 유형의 문례를 비교하여 어긋나는 것이 없는지 검증하는 것이다. 다음은 文例를 통해 자형을 밝히는

---

25) 여기에서 '陽'은 '賜'와 자형이 비슷하여 생긴 오기인 것같다.

것과 글자의 의미를 밝히는 것 두 가지 사례를 살펴본다.

9.3.1 文例를 통한 字形의 규명

于省吾는《甲骨文字釋林·釋𢼄》에서 𢼄를 胣로 풀이하고 本義가 攴으로 蛇를 때리는 것이며, 파생되어 '찢어발기다(割裂支解)'의 뜻을 갖는다고 하였다. 그는 章炳麟이《新方言》에서 陵遲를 나타내는 '夷'로 보았는데, 구체적 근거는 없다고 보았다. 이에 于省吾는 𢼄가 출현하는 맥락을 모두 조사하였는데, 그 결과 𢼄는 소위 用牲法[26]으로 사용되는 동사 卯나 歲와 함께 출현하며, 뒤에는 人, 羊 등의 犧牲物이 온다는 것을 확인하였다.[27] 마침《說文》에 이와 관련된 글자가 있는데 바로 攴을 구성요소로 하고 也를 성부로 하는 施와 독음이 같은 𢼦자이다. 사실 갑골에서 也, 巳, 它는 모두 뱀을 나타내는 같은 글자이다. 𢼄와 𢼦도 같은 구조이다. 갑골문 자형은 뱀을 막대로 때리는 모양이며, 때로는 주위에 점으로 피를 나타내기도 하였다. 복사에서는 于省吾의 분석대로 용생법의 하나로 사용되며,《說文》에서는 𢼦로 쓰고, 다른 전적에서는 胣, 施로 쓰기도 한다.

9.3.2 文例를 통한 字義의 추정

갑골문 𡳿는 자주 등장하는 글자인데, 다양한 문맥 속에서 사용된

---

26) 제사에서 희생물을 구체적으로 처리하는 방법을 나타내는 방법을 가리키는데, 제사 속의 하위 제사 방식으로 보는 견해도 있다.

27) 于省吾(1979:161-167) 참조.

다. 다음은 이 글자가 쓰인 예이다.

(1) 允业來艱

　　과연 어려움이 왔다.

(2) 俘人十业六人

　　16명의 사람을 잡았다.

(3) 貞: 御于业妣

　　묻는다: 右妣께 御제사를 지낸다.

(4) 丙辰卜, 亘貞: … 受业.

　　병진일에 점쳐 亘이 묻는다: …도움을 받는다.

(5) 业于祖丁

　　祖丁께 侑제사를 지내다.

　　위 문장 속의 业는 각각 有, 又, 右, 祐, 侑로 읽어야 한다. 이 의미들은 각각의 맥락 속에서 고정적으로 사용되는 것이다. 이렇듯 同形異字 혹은 多義字도 문맥에 근거하여 구별해야 한다.

　　갑골문 **田**는 주로 열흘 동안에 재앙이 있을지를 점치는 복사의 ‘旬亡田’ 문맥에 고정적으로 등장하는 글자로, 학자마다 凶, 災, 咎, 禍 등 다양한 글자로 풀이하였다. 郭沫若은 禹로 고석하고 ‘禍’의 의미라 했고[28], 柯昌濟는 凶으로 읽었고[29], 李孝定은 후기 자형에 근거하여 犬을 구성요소로 하고 禹가 성부인 글자인데, 禍로 읽어야 한다고

---

28) 郭沫若(1937:189) 참조.
29) 于省吾(1996:2159) 참조.

하였다[30]. 于省吾는 咎로 읽는 것이 타당할 것같은데 확실한 증거는 없고, 郭沫若이 犬이 추가된 후기 자형을 綠로 고석한 것은 근거가 있다고 하였다.[31] 裘錫圭는 갑골문 囧자와 비교를 통해 🄭를 禍로 읽는 것은 타당하지 않음을 증명하고, 綠로 고석하고 '憂'로 읽어야 한다고 하였다.[32]

9.4 여러 학문 분야를 綜合的으로 고려하여 분석하는 방법

문자의 삼요소인 形, 音, 義에서 접근하는 방법으로 考釋되지 않을 경우에는 여러 관련 학문 분야의 지식을 동원하여 종합적으로 고찰할 수 밖에 없다. 이 방법들은 관련 지식과 문자로 기재된 자료, 실물 자료, 관련 풍속 등을 토대로 하여 여러 각도와 여러 층위에서 종합적으로 논증하는 것이다. 따라서 言語學과 文字學 외에 文獻學, 歷史學, 考古學, 文化人類學, 民俗學 등 여러 학과의 지식과 성과를 동원하여 歷史考證法이나 文獻比較法 등의 구체적 방법을 수행하여 글자를 고석한다.

이런 방법으로 훌륭한 성과를 낸 사람으로는 郭沫若을 꼽을 수 있는데,《中國古代社會研究》(1930),《甲骨文字研究·釋臣宰;釋支干》(1931) 등에서 實物資料, 典籍記載, 民俗資料를 종합적으로 이용하여 참신한 견해를 밝혔다.

---

30) 李孝定(1974:93) 참조.
31) 于省吾(1979:231-232) 釋🄭 참조.
32) 裘錫圭(1992:105) 說'🄭' 참조.

于省吾도《釋羌苟敬美(석강구경미)》에서 종합적 방법을 사용하였
는데, 그는 우선《說文》의 "羌, 西戎牧羊人也, 从人从羊, 羊亦聲"이
란 구절에 동의하지 않고, 羌은 사람이 양의 뿔을 쓴 모양의 獨體象形
字로 보았다. 이어 世界 각국의 原始民族들에게 자주 보이는 風俗
12가지 예에서 사냥, 舞蹈裝飾(무도장식), 美觀威嚴(미관위엄), 巫術
(무술), 鬼神治粧(귀신치장)[33]등을 찾아냈고,《詩經》에 보이는 '總角'
도 양뿔을 머리에 쓰는 풍속의 遺風이라 하였다. 마지막으로 雲南의
소수민족인 佧瓦人(카와인)들의 양뿔을 흉내낸 문신을 방증자료로
제시하였다.[34]

黃錫全은《甲骨文'屮'字試探(갑골문'屮'자시탐)》에서 牢字 속 牛
자와 자형을 비교하고, 관련자들과 讀音을 비교한 바탕에, 陶器의
문양등을 통해서 은나라 사람들이 소를 중시했음을 밝혔다. 그리고
소수민족지의 기록을 통하여 소가 부유함의 상징이란 방증자료를 찾
아서 屮가 소의 머리를 상형했음을 밝혔다.[35]

류동춘은《從文獻·文字資料詮釋龍的來源(종문헌·문자자료전석
용적래원)》에서 문헌과 문자 자료에 근거하여 종합적 방법으로 龍자
를 규명하였다. 그는 우선 갑골문에서 龍자 및 龍자와 관련된 글자들
을 추출하였다.

---

33) 文獻과 風俗 속에 보이는 鬼神으로 治粧하는 사례를 찾았다.
34) 吉林大學學報1963:1 수록.
35) 古文字研究 第6輯 1981.

用	申

雷	虹

　그리고 龍자의 기인으로 을 추출하였는데, 이것은 申, 雷 등의 글자에 공통으로 들어가는 번개의 모습이라고 보았다. 그리고 문헌에서 기록하고 있는 용과 관련된 내용을 추출하였다.

　《說文》에서 "龍은 비늘이 있는 동물 중에 우두머리이다. (세상을) 어둡게 하거나 밝게 할 수있고, (자신을) 가늘게 하거나 크게 할 수 있다. 春分에 하늘에 올랐다가, 秋分에 못으로 들어간다. 肉과 나는 모양을 구성요소로 하고 童의 생략형을 聲符로 한다."36)라고 한 것을 비롯하여 중국 古代典籍에 보이는 龍과 관련된 내용을 다음과 같이 추출하였다.

　① 하늘에 산다《易·乾卦》

　② 비를 내리게 한다《後漢書·禮儀》

　③ 천둥, 번개와 관련있다《山海經·海内東經》,《淮南子》

　④ 구름과 관련있다《易·繫辭》

　⑤ 변화무쌍하다《易·乾卦》,《管子·水地》

---

36) "龍, 鱗蟲之長. 能幽能明, 能細能巨, 能短能長, 春分而登天, 秋分而潛淵. 从肉, 飛之形, 童省聲."

⑥ 빛을 낸다《淮南子·墜形訓》

이 내용들이 가리키는 것은 모두 번개가 가지고 있는 특성과 일치한다. 마지막으로 청동 기물에 보이는 용의 문양과 글자를 방증자료로 제시하였다. 다음은 기물에 보이는 용의 모습이다.

龍爵 商代晚期	龍爵 西周早期	雷尊 時期未定	雷甗 西周早期

주요참고서목

《詩經》 十三經注疏本[1976] 臺北 藝文印書館

《尙書》 十三經注疏本[1976] 臺北 藝文印書館

《周易》 十三經注疏本[1976] 臺北 藝文印書館

《禮記》 十三經注疏本[1976] 臺北 藝文印書館

《爾雅》 十三經注疏本[1976] 臺北 藝文印書館

《春秋左氏傳爾雅》 十三經注疏本[1976] 臺北 藝文印書館

司馬遷 《史記》 [1984] 北京 中華書局

강윤옥 외(2020)《한자의 역사》서울 역락

허성도 외(2008)《중국어학개론》서울 KNOU PRESS

顧音海(2002)《甲骨文: 發現與研究》上海 上海書店出版社

郭沫若(1976)《甲骨文字研究》香港 中華書局

郭沫若(1978-83)《甲骨文合集》北京 中華書局

郭沫若(1983)《卜辭通纂考釋》北京 科學出版社

郭沫若(2017)《殷契粹編考釋》北京 科學出版社

郭錫良(2011)《漢字古音手冊》北京 商務印書館

裘錫圭(1992)《古文字論集》北京 中華書局

裘錫圭(2013)《文字學槪要》北京 商務印書館)

屈萬里(1980)《書傭論學集》臺北 臺灣開明書店

唐　蘭(1980)《古文字學導論》臺北 河洛圖書出版社

唐　蘭(1981)《殷墟文字記》北京 中華書局

羅振鈺(1927)《增訂殷虛書契考釋》臺北 藝文印書館影印本

落合淳思(2016)《甲骨文字辭典》京都 朋友書店

龍宇純(1982)《中國文字學》再訂本 臺北 臺灣學生書局

柳東春(1996)《周原甲骨研究》臺北 國立臺灣大學中文研究所博士學位
　　論文

劉淵臨(1984)《卜用甲骨上攻治技術的演痕蹟之研究》臺北 國立編譯館
　　中華叢書編審委員會

李大遂(2003)《簡明實用漢字學》北京 北京大學出版社

李宗焜(2006)《當甲骨遇上考古-導覽YH127號》臺北 中央研究院歷史語
　　言研究所

李學勤 외(1985)《英國所藏甲骨集》北京 中華書局

李學勤・彭裕商(1996)《殷墟甲骨分期研究》上海 上海古籍出版社

李孝定(1974)《甲骨文字集釋》臺北 中央研究院歷史語言研究所

孟世凱(2009)《甲骨學辭典》上海 上海人民出版社

牟作武(2000)《中國古文字的起源》上海 上海人民出版社

方詩銘・王修齡(1983)《古本竹書紀年輯證》臺北 華世出版社

白川靜(1977) 溫天河蔡哲茂譯《甲骨文的世界》臺北 聯經出版社

徐中舒(1988)《甲骨文字典》成都 四川辭書出版社

楊郁彥(2005)《甲骨文合集分組分類總表》臺北 藝文印書館

王國維(1983)《觀堂集林》臺北 世界書局

王宇信・徐義華(2006)《商周甲骨文》北京 文物出版社

王宇信・魏建震(2010)《甲骨學導論》北京 中國社會科學出版社

于省吾(1979)《甲骨文字釋林》北京 中華書局

于省吾(1996)《甲骨文字詁林》北京 中華書局

張玉金・夏中華(2001)《漢字學概論》廣州 廣西教育出版社

丁福保(1977)《說文解字詁林正補合編》臺北 鼎文書局

趙　峰(2009)《漢字學概論》廈門 廈門大學出版社

中國科學考古研究所(1987)《殷墟發掘報告1958-1961》北京 文物出版社

中國科學考古研究所, 陝西省西安半坡博物館(1963)《西安半坡》北京 文
　　物出版社

陳夢家(1956)《殷墟卜辭綜述》北京 科學出版社

陳世輝·湯餘惠(2011)《古文字學概要》福州 福建人民出版社

崔恒昇(1992)《簡明甲骨文詞典》合肥 安徽教育出版社

崔恒昇(1992)《簡明甲骨文詞典》合肥 安徽教育出版社

鄒孫海波(1982)《甲骨文編》北京 中華書局

鄒曉麗·李彤·馮麗萍(1999)《甲骨文字學述要》長沙 岳麓書社

彭邦炯·謝濟·馬季凡(1999)《甲骨文合集補編》北京 語文出版社

何九盈(2000)《漢字文化學》瀋陽 遼寧人民出版社

許慎著, 段玉裁注《說文解字注》[1976] 臺北 藝文印書館

胡厚宣(1944)《甲骨學商史論叢初集》成都 齊魯大學國學研究所叢刊

胡厚宣(1972)《甲骨學商史論叢初集》臺北 大通書局

黃天樹(2007)《殷墟王卜辭的分類與斷代》北京 科學出版社

黃天樹(2014)《甲骨金文論集》北京 學苑出版社

류동춘(2000)〈從文獻·文字資料詮釋龍的來源〉《중국문학》제33집

류동춘(2006)〈釋朕〉《중국학보》제54집

류동춘(2018)〈갑골문에 보이는 '其'의 용법과 어법화 과정《언어와 정보
　　사회》제35호

백은희(2010)〈상주시기 인칭대명사 용법의 변이양상과 유형학적 의미〉
　　《중국문학》제64집

竟成(1996)〈簡論漢語人称代词〉《古漢語研究》第1期 長沙 湖南師範大學

金祥恒(1984)〈甲骨文中的一片象肩胛骨刻辭〉《大陸雜誌》69卷4期 臺北
　　大陸雜誌社

李學勤(1981)〈小屯南地甲骨與甲骨分期〉《文物》第5期 北京 文物出版社

林　澐(1984)〈小屯南地發掘與甲骨分期〉《古文字研究》第9輯 北京 中華
　　書局

馬顯彬·舟人(2004)〈漢字起源年代推論〉《古漢語研究》第4期 長沙 湖南
　　師範大學

孫常叙(1986)〈釋冒母--兼釋各云,般冢〉《古文字研究》第15輯 北京 中華

　　　書局

汪寧生(1981)〈從原始記事到文字發明〉《考古學報》第1期

張光直(1987)〈商代的巫術〉《中國殷商文化國際討論會論文集》

張秉權(1956)〈卜辭腹甲的序數〉《歷史語言研究所集刊》28本上 臺北 中
　　　央研究院歷史語言研究所

張玉金(2001)〈甲骨金文中'其'字意義的研究〉《殷都學刊》第1期

/ 지은이 소개 /

류동춘
서울대학교 중어중문학과 학사
國立臺灣大學 中文硏究所 석사
國立臺灣大學 中文硏究所 박사
淸華大學 中國語言文學系/歷史系 방문교수
한국중국학회 회장
한국중어중문학회 회장
(현) 서강대학교 중국문화학과 교수

주요연구분야
고문자학, 고대중국어

갑골문

초판 인쇄 2024년 2월 21일
초판 발행 2024년 2월 29일

지 은 이 | 류동춘
펴 낸 이 | 하운근
펴 낸 곳 | 學古房

주   소 | 경기도 고양시 덕양구 통일로 140 삼송테크노밸리 A동 B224
전   화 | (02)353-9908 편집부(02)356-9903
팩   스 | (02)6959-8234
홈페이지 | http://hakgobang.co.kr/
전자우편 | hakgobang@naver.com, hakgobang@chol.com
등록번호 | 제311-1994-000001호

ISBN 979-11-6995-482-2 93700

값 : 18,000원

■ 파본은 교환해 드립니다.